地域変容に対応した
避難行動要支援者のための地区共助計画
～課題と展望

꙳ 目 次 ꙳

はじめに　宮野道雄……5

1 研究総括 宮野道雄・志垣智子・生田英輔
地域特性に応じた自主防災まちづくり…………6

2 地区共助プラットフォーム 森一彦
地区防災教室ネットワークによる防災行動マネジメントを目指して…………16

3 リスク共有プログラム 三田村宗樹
災害リスク認識へむけた地形・地盤特性の把握…………28

4 リスク共有プログラム 重松孝昌
都市リスクを表出させるインジケーターの模索…………40

5 共助体験プログラム 生田英輔
災害フェーズに応じた避難行動要支援者の支援…………54

6 共助体験プログラム 渡辺一志
避難行動要支援者の避難に必要な体力…………62

7 共助体験プログラム 山本啓雅
南海トラフ巨大地震被害想定からみた大阪市の災害時医療需給の問題点
〜地理情報システム（GIS）を用いた検討〜…………70

8 共助体験プログラム 横山美江・中原洋子
子どもを育てる母親の目線で取り組む災害への備え…………78

9 共助体験プログラム 由田克士
市町村レベルにおける災害時のための食料・飲料水の備蓄と関連する取り組みの状況…………90

10 共助体験プログラム 吉田大介
ICT を活用した災害時の情報伝達と共有方法…………100

11 社会実験の有効性評価 佐伯大輔
地域住民を対象とした防災訓練の評価について…………112

全国自治体防災アンケートの結果…………124

おわりに　生田英輔…………136

はじめに

宮野道雄 (研究代表者)

2011年3月11日 (金) 14時46分すぎ、私は10階建ての大阪市立大学学術情報総合センターの6階にあった役員室で長周期地震動による揺れを初めて経験していました。東北地方太平洋沖地震 (東日本大震災) の発生でした。部屋のテレビをつけると想像を絶する津波の映像が流れていました。当時、私は研究及び地域貢献担当の理事兼副学長を務めていたこともあり、発災1週間～10日後に被災地にある県立宮城大学、岩手県立大学を訪れ、支援の必要性を打診するとともに沿岸の津波被害の状況を調査しました。

その後、文学研究科から医学研究科までの10研究科全ての研究科長に依頼して、担当する教員を推薦いただき、全学的な組織として都市防災研究プロジェクトを開始しました。さらに、4年間の成果を踏まえて2015年3月には都市防災教育研究センター (CERD) を設立するに至りました。

本書は、このような経緯で始まった大阪市立大学の全学組織による総合的な防災テーマを掲げて採択されたJSPS科研費 16H03028 (基盤研究 (B)) の助成によって行われた3年間の研究成果をまとめたものです。この研究では、コミュニティのリスク特性を反映できる地区防災計画において高齢者、障がい者、妊婦、幼児などの避難行動要支援者のための実効性のある仕組みづくりを目指しました。具体的には、新たに「地区共助計画システム」という考え方を導入し、地域防災と地域福祉が融合したプラットフォームを創出することで「つながりの回復」に向けた共助の仕組みが整備され、防災力向上が促進されるという仮説のもとに新たな理論とシステムの構築を図ることを目的としました。

研究実施にあたっては、まず研究担当者全員が関わる全国の自治体アンケート調査を行い、つぎに地区共助プラットフォーム、リスク共有プログラム、共助体験プログラム、社会実験の有効性評価の各グループそれぞれの視点から避難行動要支援者のための共助計画をめぐる課題と展望を、全国の事例及び防災教育実践をもとに各専門分野からの検討結果としてまとめました。

本書に述べられている内容は、科研費の研究担当者以外の多くの方との共同研究・共同作業の結果を含めて得られたものです。関係者の皆様に厚くお礼申し上げます。本書が、全国で地区防災計画策定に関わっている様々な立場の方々のお役にたつことを念願しています。

1 研究総括 宮野道雄・志垣智子・生田英輔

地域特性に応じた自主防災まちづくり

平成25年の災害対策基本法では、自助及び共助に関する規定が追加され、市町村内の一定の地区の居住者及び事業者が行う自発的な防災活動に関する「地区防災計画制度」が新たに創設されました。地区防災計画の要点は、地域を構成する地区居住者等が日常から非日常（復旧・復興期を含む）の時系列で地域の特性を反映させつつ策定するところにあります。本章では、大阪市での先行的な試みを示し、さらに避難行動要支援者避難支援プラン策定の現状について全国的な動向を整理します。

1-1. はじめに

平成7年の阪神・淡路大震災や平成23年の東日本大震災では行政の庁舎及び職員も被害を受け、いわゆる公助の限界が生じたことから、地域の住民や事業者自らが自分の身を守るという「自助」と、近隣住民や町会組織による「共助」の重要性が指摘されました（西澤ら、2014）。

このような背景から、平成25年に改訂された災害対策基本法では、自助及び共助に関する規定が追加され、市町村内の一定の地区の居住者及び事業者（地区居住者等）が行う自発的な防災活動に関する「地区防災計画制度」があらたに創設されました。地区防災計画の要点は、地域を構成する地区居住者等が日常から非日常（復旧・復興期を含む）の時系列で地域の特性を反映させつつ策定すると

ころにあります。

本章では、地区防災計画制度の創設に先立って、同様の意図をもって大阪市の事業として行われた先行的な試みを示し、さらに避難行動要支援者プラン策定の現状について全国的な動向について紹介します。

1-2. 大阪市の地域特性に応じた自主防災まちづくり事業

■目的

上町断層帯地震が発生すると、大阪市域では全壊建物が17万棟、死者数が8千5百人にも及ぶといわれています。また、平成30年2月には南海トラフ巨大地震の今後30年間における発生確率が70〜80％に引き上げられました。このような状況の中で、災害に対して強いまちづくりを実現するためには、住宅の耐

震改修促進などのハード面での対策と併せて、災害発生時の被害・混乱を最小限に止めるための地区居住者等による対策を進めることが重要です。

大阪市内でも、各地域で自らのまちを見つめなおす災害図上訓練や防災マップ作り、小学校等を使用した避難所開設訓練などの取り組みが行われています。そこで大阪市立大学宮野研究室と大阪市危機管理室は共同研究を実施し、こうした自主防災活動の基本となる地域特性パターンに応じた活動モデルを作成して、モデル地域での実践を通じた「大阪市自主防災活動モデル」を構築することにより、地域の特性を踏まえた効果的な自主防災活動の取り組みを市内全域へ広げることを目指しました。

■内容
（1）市内各地域の特性整理
　大阪市の地域特性を評価する単位として、区、町丁目、小学校区、中学校区の４種類をあげ、それぞれの単位での人的データ（乳幼児率、高齢者率、昼夜間人口比率など）と建物データ（戸建て世帯率、共同住宅世帯率、商業建物棟率、木造住宅棟率など）を指標として用いて、評価の単位及び人的データ、建物データの適合性を主成分分析によって検討しま

した。その結果、当初の 23 指標から 8 指標に絞り込むことができ、評価単位としての地域規模は小学校区が最適ということがわかりました。ちなみに、地域特性をあらわす 8 指標は、乳幼児率、後期高齢者率、生産工程・労務作業者率、戸建て世帯率、共同住宅 6 階以上世帯率、商業建物棟率、昭和 55 年以前建築木造住宅棟率、グロス建ぺい率（建物面積／敷地面積（非建物面積含））です。

以上から、大阪市の基本となる地域特性のパターン分けを行うと以下のようになりました（志垣ら、2009；志垣ら、2010）。
①商業建物件数の比率が高い地域
　昼夜間人口比率が大きく、企業・事業所が多く存在するオフィス街等
②中高層住宅の比率が高い地域
　3 階建て以上の中高層住宅が多く存在する地域
③老朽木造住宅の比率が高い地域
　老朽木造住宅が密集し、高齢者比率が高い地域
④住・商・工が混在する地域
　住宅地・商業地・工業地等が複合している地域

（2）小学校区単位のモデル地域選定
　つぎに、大阪市の 296 小学校区（2005年時点）に対して上記の 4 類型を基本

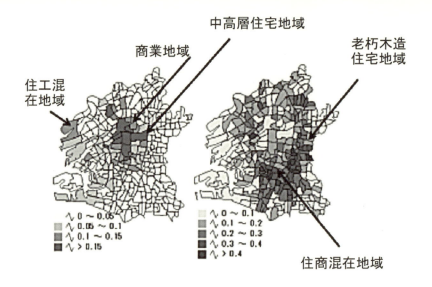

図1.1　大阪市における小学校区単位の地域特性分布イメージ

として、地域特性を表す指標によるクラスター分析を行うことによって6つのクラスター（グループ）に分けることができました。

　第1クラスター：工場建物の比率が高い港湾部に多く見られる地域：34小学校区

　第2クラスター：商業建物比率が高く、昼間人口が多い地域：34小学校区

　第3クラスター：老朽木造住宅比率が高く、高齢者比率が高い地域：86小学校区

　第4クラスター：高層住宅比率が高い地域：28小学校区

　第5クラスター：昼夜間人口比率が最も高い地域：1小学校区

　第6クラスター：中高層住宅比率が高く、14歳以下の非生産年齢人口の多い地域：113小学校区

さらに、第1クラスターから第6クラスターに分類された小学校区の中から、前記の①から④の地域特性にあてはまる小学校区を2から3地域選考し、モデル地区とすることにしました。その結果、下記の9地域が選定されました。なお、大阪市における小学校区単位の地域特性分布のイメージを図示すると図1.1のようになります。

大阪市では、市の中央に昼間に市外からの人口流入の多い商業地域や湾岸部の住宅と工場の混在地域が分布しています。また、市の南部から東部にかけては老朽木造住宅比率の高い地域が広がっています。さらに、これらの他に住宅と商店の混在地域や中高層住宅比率の高い地域が存在します。

　①商業建物件数の比率が高い地域
　　北区西天満地域、中央区中大江地域、淀川区西中島地域

②中高層住宅の比率が高い地域

都島区友渕地域、鶴見区茨田西地域

③老朽木造住宅の比率が高い地域

東淀川区淡路地域、生野区鶴橋地域

④住・商・工が混在する地域

天王寺区天王寺地域、西淀川区竹島地域

（3）モデル地域における自主防災まちづくり

抽出された大阪市の地域特性を代表する４類型の構成メンバーは住民、町会組織に加えて、特性ごとに異なる多様性をもっています。すなわち、商業建物比率の高い地域では企業・事業主、ビル管理者、中高層住宅比率の高い地域では集合住宅自治会、管理組合、老朽木造住宅比率の高い地域では日常から高齢者に関わる福祉の専門職、住・商・工が混在する地域では商店主、工場主、企業・事業主、などさまざまな立場の人々や組織が地域を構成しており、災害時には相互に連携をとる必要がでてきます。しかも、平日・週末、昼・夜という発災の曜日・時刻によっては構成メンバーも変わります。

このようなことを念頭におきながら、抽出された９地域で、それぞれの地域における構成メンバーが集まり、図上訓練やまち歩きを行いながら、地域の強みや弱みの発見と共有化及び災害時の具体的な活動内容の分担化などを行いました。これらの回数は全体で50回以上に及びました。

災害図上訓練などの地域活動を行う際には、初めに地域の建物構造種別分布、昼夜間人口比率などの特性や大阪府・市によって行われた被害想定結果を共有し、その前提の下で具体的な対応について意見を出し合いました。その結果は、参加者自らが作成した防災マップなどとして得られましたが、これこそが「地区防災計画」の成果といえると考えています。

なお、地域での活動を行うにあたってあらかじめ検討課題を設定しました。それらは以下のようです。

①商業建物件数の比率が高い地域

・夜間人口に対する昼間人口が多い、すなわち昼間と夜間の防災活動の担い手・対応が大きく異なる

・地下街などを含む事業者や企業との連携による防災対策の検討

②老朽木造住宅の比率が高い地域

・木造密集地域を含み、持ち家率が高く、高齢者率が高い

・地域の人材バンクの構築など、高齢者支援のあり方の検討

・地域の福祉専門職との連携につい

て検討
③中高層住宅の比率が高い地域
・町会組織と集合住宅自治会・管理組合との連携をどのように図るか
④住・商・工が混在する地域
・住民と地元中小企業との連携
・工場がもつ資機材・人材の災害時の利活用について検討

■成果

地域における活動の成果は、初年度に『地域の自主防災活動ナビゲーションガイド（まちづくりの手引き）』として作成されました。また、それを補うものとして【自主防災活動の手順とヒント】『災害に負けないまちづくり』及び『災害に負けないまちづくりのために』が続けて作成されました。これらの中から、パンフレットとして作成したナビゲーションガイドの外観イメージ（表と裏の表紙）と内容について商業建物件数の比率が高い地域の代表例を図に示すと図1.2及び図1.3のようになります。

図1.3には地域の特性を代表する建物特性（建物種別ごとの構成比）と人的特性（年齢別人口構成及び人口の昼夜率）を図示し、上町断層系地震と南海・東南海地震による被害想定値も併せて示すことによって地域の基本特性をイメージしやすいようにしました。また、前述した

図1.2 ナビゲーションガイドの表紙／表（左）と裏（右）

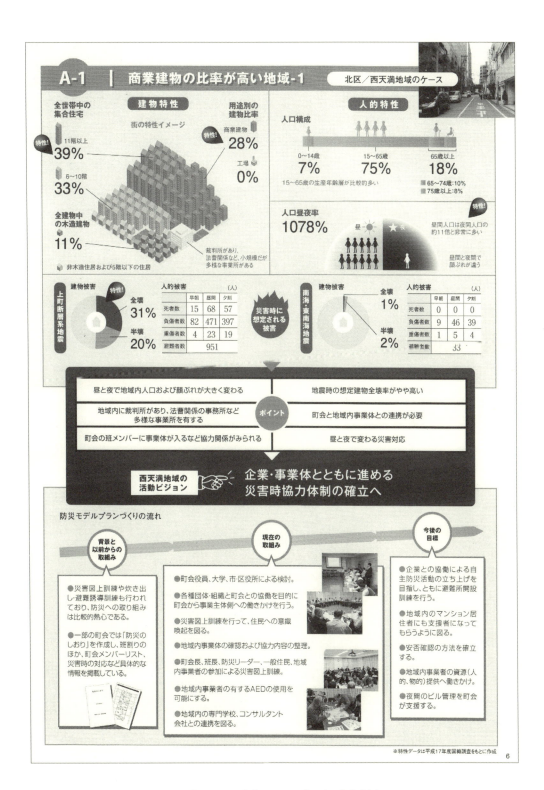

図 1.3 ナビゲーションガイドの内容事例

ように地域の検討課題を具体的にあげて、地域の構成メンバーが議論・検討を行う際のポイントとしています。

具体的には、商業建物比率が高いこの地域の特性としては、人口の昼夜率が極めて大きく、夜間に発生した災害には住民が自助で対応することが強く求められるのに対して、昼間の災害では、勤務や買い物などで外部から流入してきた人たちの安全をどのように確保するかが課題となります。企業は自社での防災対応を基本として、地域の他機関との連携をどのように図るかが問題となります。また、商業施設管理者は観光客や買い物客などへの対応を求められることになります。これら地域内事業体と地元の町会との連携を日常的に維持しておかないと災害時には役に立ちません。

この事業では大阪市の地域特性を代表的な4つに分類し、それぞれに2ないし3の小学校区をモデル地域として自主防災まちづくり計画策定の手順をまとめました。従って、成果品であるナビゲーションガイドを用いればモデルの対象となった9地域以外もそれぞれの該当類型を選択し、地域特性に応じた防災モデルプランを検討できることになります。これは、すなわち現在、多くの自治体で取り組みが進められている「地区防災計画」

の策定にほかなりません。

1-3. 避難行動要支援者の避難行動支援に関する取り組み

■背景

災害時には高齢者が犠牲になる確率が高く、阪神・淡路大震災では死者のほぼ半数が60歳以上であり、東日本大震災でも65歳以上の高齢者の死亡率は約6割で、障がい者の死亡率は被災住民全体の死亡率の約2倍にもなりました。一方で、消防職員・消防団員の死者・行方不明者は281名、民生委員の死者・行方不明者は56名にのぼるなど、多数の支援者が犠牲になりました。

このような東日本大震災の教訓を踏まえて、平成25年の災害対策基本法改正にあたっては、平成18年3月に示されていた「災害時要援護者の避難支援ガイドライン」を全面的に改定し、避難行動要支援者名簿を活用した実効性のある避難支援が行われるよう下記の定めがなされました（内閣府、2013）。

①避難行動要支援者名簿の作成を市町村に義務付けるとともに、その作成に際し必要な個人情報を利用できること。

②避難行動要支援者本人からの同意を得て、平常時から消防機関や民生委

員等の避難支援等関係者に情報提供すること。

③現に災害が発生、または発生のおそれが生じた場合には、本人の同意の有無にかかわらず、名簿情報を避難支援等関係者その他の者に提供できること。

④名簿情報の提供を受けた者に守秘義務を課すとともに、市町村においては、名簿情報の漏えいの防止のため必要な措置を講ずること。

「避難行動要支援者の避難行動支援に関する取組指針」（内閣府、2013）では、市町村において地域の特性や実情を踏まえつつ、災害発生時に一人でも多くの避難行動要支援者の生命と身体を守るという重要な目標を達成するための要点が示されています。そこでは、要配慮者の把握、避難行動要支援者名簿の作成、避難行動要支援者名簿の更新と情報の共有、避難支援等関係者への事前の名簿情報の提供などの手順が示され、最後に個別計画の策定へとつなげることとなっています。

■アンケート調査に基づく全国自治体の避難行動要支援者避難支援プラン策定の現状

本書の最後に詳述するように、全国1741自治体を対象としてコミュニティ防災に関わる取り組み実態についてアンケート調査を実施しました。ここではその中から、まず避難行動要支援者の避難支援プラン策定の現状についてみてみましょう。

避難プランの策定は個別計画作成で終わりではなく、地区防災計画などに位置付けて組織体制やプランに従っての具体的な避難訓練までが求められます。そこで、①要綱作成、②名簿作成、③個別計画作成、④組織体制の構築、⑤避難訓練の実施、の五段階について、各自治体の現状について尋ねました。

結果として、要綱作成は全体で半数の49.5％が作成済ですが、市（58.7％）、町村（40.0％）、指定市・区（41.4％）という順になりました。名簿作成は、全体の80.5％が作成済で、町村において74.3％とやや進捗が遅い傾向がみられました。個別計画は、全国的に現在進行中の様子がみてとられ、作成済は全国で24.2％で作成中を合わせても半数強にとどまっています。さらに組織体制では、全体で29.9％において構築済ですが、

市、町村ではまだ検討中のところが多い傾向です。ただし、指定市・区では組成中も含めると65.5%と進んでいます。最後に、避難訓練は実施済みが全体では24.5%で、予定なしも約2割を占めており、ここまで到達するにはまだ時間がかかりそうです。

つぎに、避難支援プラン策定の対象者について聞いた結果によれば、重度要介護認定者が95.4%、身体・知的障碍者が94.3%、高齢者のみの世帯77.4%の順に多く、妊婦・乳幼児は31.8%でした。また、その他の回答で多かったのは精神障がい・難病者で、外国人を挙げた回答もありました。

以上の結果から全体を概観すると、全国的に名簿作成はかなり進んではいるものの、個別計画は作成中も含めても約半数の自治体にとどまっていました。従って、避難行動要支援者の個別計画を踏まえた避難訓練実施までの道のりはまだ遠いという気がしています。

1-4. おわりに

平成29年7月には九州北部の豪雨で福岡県朝倉市や大分県で大きな被害が発生しました。今年は平成30年7月豪雨により、広島県、岡山県、愛媛県などに洪水や土砂災害が発生して、死者は200人を超えています。岡山県倉敷市の真備町では高梁川と小田川の合流点付近ではバックウォーター現象による堤防決壊が発生して浸水したため51名の犠牲者をだしました。そのほとんどは65歳以上の高齢者でした。高齢者の避難行動をみると、多くの人は避難勧告を受けて避難していますが、その他の人は「避難準備・高齢者等避難開始」が発令されたのをみて避難を開始した人と、避難が遅れて取り残されてしまった人の2つのグループに分かれていました。

取り残された人たちはボートなどで救助されていますが、自力避難が可能な高齢者はなるべく早い時期での避難を行うことが大切です。自ら命をまもることが、周囲の人々の救助のための労力やリスクを減らすことになり、結果としてより多くの人の安全につながることを認識すべきです。

参考文献

・西澤雅道・筒井智士：『地区防災計画制度入門』、ＮＴＴ出版、2014

・志垣智子・宮野道雄：大阪市消防局救急出動記録を用いた中等症以上の人的被害発生危険度評価に関する基礎的検討―大阪市の小学校区を対象とした時空間分布―、日本建築学会計画系論文集、vol.74、No.639、1249-1256、2009

・志垣智子・宮野道雄・生田英輔・黒田和伸・杉原利典、辻本晴美・皆元千晶：地域特性に応じた自主防災まちづくり活動プラン - 大阪市24区内小学校区における取り組み -、地域安全学会梗概集、No.27、71-74、2010

・内閣府（防災担当）：避難行動要支援者の避難行動支援に関する取り組み指針、2013
www.bousai.go.jp/taisaku/hisaisyagyousei/youengosya/h25/pdf/hinansien-honbun.pdf

2 地区共助プラットフォーム 森一彦

地区防災教室ネットワークによる
防災行動マネジメントを目指して

　今日、想定を超える災害が頻発する中で、防災システムをどのように構築していくかが政策的に大きな関心事で、とりわけ社会活動すべてに防災の考え方を組み込む「防災のメインストリーミング」が重要課題に上がっています。その中で、地域特性・災害特性の異なる地区ごとに、住民や専門職が一緒になってリスクを共有し体験する場をつくる地区防災教室は、日常生活の中に防災を組み込む有効な事業です。障害となっている防災の画一化が解消し、災害死ゼロに向けた防災行動のステージ変化を促進させる地区防災教室ネットワークについて、全国の事例を交えて、課題と展望を述べます。

2-1. はじめに

　今日、想定を超える災害が頻発する中で、防災システムをどのように構築していくかが政策的に大きな関心事です。とりわけ社会活動すべてに防災の考え方を組み込む「防災のメインストリーミング」(第3回世界防災会議（仙台）日本政府コメント：2015) という考え方が注目されています。大規模災害にむけての自助共助の仕組み、いわゆる「コミュニティ防災」が求められています。これは、地域特性・災害特性の異なる地区ごとに、住民や専門職が一緒になってリスクを共有し体験する場をつくる地区防災教室で、日常生活の中に防災を定着させる活動でもあります。大阪市立大学都市防災教育研究センター（以下、CERD）では、このコミュ

ニティ防災システムの社会実装に取り組んでいます (Kazuhiko Mori：2016)。地域に密着した公立大学が地域のステークホルダーと協働して、市民の防災力向上に向けて地区ごとに防災教室を開設して、防災教育を実施し、加えてその過程で防災リーダーの育成を進めています。この防災教育の特徴は、場所・時間・人のリアリティを持った防災訓練を実施し、意識、知識、技能に加えて日常生活行動の改善を進めることにあります。ここでは、障害となっている防災の画一化が解消し、災害死ゼロに向けた防災行動のステージ変化を促進させる地区防災教室ネットワークについて、全国の事例を交えながら、課題と展望を述べます。

　人々を防災に関する「無関心期」「関

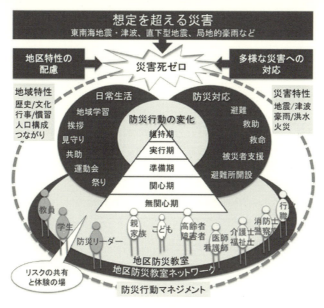

図 2.1 防災行動マネジメント

心期」「準備期」「実行期」「維持期」の5つのステージに階層化し、ステージに応じたターゲット行動を明らかにし、ステージごとに学習プログラムをカスタマイズして介入します。

2-2. 東日本大震災など近年の大規模災害での高齢者の被災

東日本大震災における震災死や震災関連死はそれぞれ約 15,800 人、2,600 人を数え、近年で大きな被害となっています。中でも高齢者の被災割合は高く、震災死で 65%、震災関連死で 89% と極めて高い数値を示しています。これは、我が国が超高齢社会をむかえ、被災地域に高齢者が多く居住していることも影響していますが、高齢者の人口割合（高齢化率 25 ～ 30%）から見ても、災害で亡くなった割合は倍以上となっており、避難ができない人もしくは難しい状況で適切な助けができなかったことを物語っています。このことが、国の施策転換を促し、自助共助を中心にした防災を改めて推進することとなっています。

2-3. 従来の防災活動が有効に機能しない

我が国では、ほとんどの地域で防災訓練や教育がなされているものの、想定を超えた災害時には多くの犠牲者が発生し、その有効性について検証が求められています。人々に防災が身近な問題としての実感がなく、日常生活に埋め込まれていないことが原因です。災害や防災の情報が日常的に多く流れているものの、多くの住民は防災意識が低く、若年層を中心とする約 6 割が無関心（内閣府(2016)：日常生活における防災に関する意

識や活動についての調査）で、防災活動に参加する人の多くも、単なる知識に留まり、実行・維持のステージに変化していかない課題が指摘されています（内閣府(2017)：防災白書2016）。人は不確かな状況において合理的な思考や判断ではなく、それぞれの経験や個人的な感覚などに基づいた解釈・判断がなされ、自分は大丈夫という思い込みの「正常化の偏見」や頭ではわかっているが行動がともなわない「認知的不協和」など心理的な要因が指摘されています（片田敏孝他：2011）。有効な防災行動を促進するには、これまでの防災研究が対象としていた「知識」や「意識」などの認知的側面ではなく、「行動」に介入することでその変化を図る必要があります。行動心理学では、特定の行動を増減させるための手法として「パフォーマンス・マネジメント」（Prochaska & iClemente：1983）の有効性が示されてきましたが、これを応用した防災行動マネジメントが必要です。

2-4.「防災のメインストリーミング」に向けた防災行動マネジメント

東日本大震災以後の防災体制の見直しとして、災害対策基本法が改正（2013年）され、自助共助を前提とする地区防災計画ガイドライン（2014年）が策定されています。地域特性・災害特性の異なる地区ごとに、災害死ゼロ実現に向けて、災害時の情報遅延や混乱、避難遅れ、避難経路選択ミス、弱者被災などの課題解消に寄与する自助・共助による地区防災が求められているものの、実効性ある防災行動マネジメントの方法は未だ解明されていません。これは、国連防災会議・日本政府コメント（2015年）の社会活動すべてに防災の考え方を組み込む「防災のメインストリーミング[1]」に一致するもので、それに向けた文理融合・地域密着の防災行動マネジメントが求められています。

表 2.1　自主防災組織や防災リーダーを対象とした防災教育（研修）の実施状況

選択肢	全体	（％）	指定市・区	（％）	市	（％）	町村	（％）
	MA：A=870		a=29		a=414		a=424	
1. 各地区 1 回 / 月	29	3.3%	2	6.9%	23	5.6%	4	0.9%
2. 各地区 1 回 / 年	196	22.5%	10	34.5%	92	22.2%	93	21.9%
3. 市町村 1 回 / 月	23	2.6%	2	6.9%	16	3.9%	5	1.2%
4. 市町村 1 回 / 年	421	48.4%	13	44.8%	233	56.3%	174	41.0%
5. 未実施	216	24.8%	4	13.8%	56	13.5%	156	36.8%
無回答	13	1.5%	0	0.0%	7	1.7%	5	1.2%
合　計	898	103.2%	31	106.9%	427	103.1%	437	103.1%

2-5. 我が国の防災教育の実施状況調査

　全国の自治体の防災教育（研修）の実施状況（表2.1）から見ると、多くの自治体で防災教育や訓練を実施しています。特に政令指定都市のような比較的な大きな行政区では、9割近くが何らかの防災教育を定期的に実施しています。しかし、小さい行政区の町や村では、4割近くが未実施となっています。また、地区ごとの防災教育は、異なる災害のリスクに応じた防災対策を行う上で重要であるものの、8割近くが未実施です。このようなことから、防災教育は一部の地域に限られていることがわかります。定期的な防災教育を地域で定着させる仕組みが大切になっています。

2-6. 学校での防災教育の試みと課題

　近年、学校での防災の取り組みは全国的な広がりの中で、進められています。ただ、地域の状況や学校の方針などによって、ばらつきもあり、相互に連携した取り組みには至っていないものの、個々の取り組みには注目すべき点も多いことが指摘されています。学校が地域と合同で防災教育を行うツールとして「学校教育チャレンジプラン」があります。そこでは、さまざまな防災教育の事例集や防災教育に役立つリンク集などが紹介

されています。海外では、自然災害の予防や対応を中心とした「Stop Disaster!」などオンラインゲームのツールや、「Citizen Emergency Response Training Program」のように地域住民が中心となり、その地域にあった防災教育や訓練プログラムを作成し行っています。

　学校での防災教育の効果について検証する研究は、すでにいろいろなされています。たとえば、実際の写真を用いた点、想定を「今、災害が起こったら」とした点、トリアージを擬似体験できた点に配慮すると、より震災に対するリアルな現実性を与えることがわかっています。しかし、過剰な惨劇などの痛みの視聴覚教材は、精神的ストレスの発生にも繋がるため選択に注意する必要もあります。精神的ストレスを予防するには、講義・実習内容の事前打ち合わせやシミュレーションのはじめと終わりを明確にし、終了後に時間を設けて自分の演じた役割について発表してもらうなど、振り返りが有効であると言われています（鈴木健介：2010）。特定の地域の災害を題材として防災教育に生かすことも、その地域に関わりのある児童にとって記憶しやすいことがわかっています。しかし、防災教育によって防災意識は高まるものの、被災

する可能性を判断して避難するかという点では課題が残っています（稲垣意地子他：2010）。

　防災教育の効果の持続性についても検討されています。防災教育終了後、1年以上経過すると防災に関する知識・意識共に低下します。知識の低下量は意識の低下量よりも小さく、知識の低下は年齢が高いほど小さく、意識の低下は地域や年齢にかかわらず顕著な低下が見られます。年齢が高い高校生は、基礎能力が高く、必要な知識を他の情報から入手できることから、防災教育の実施回数とも関係なく微少な低下にとどまる傾向があります。また、意識の低下には地域差が見られ、土砂災害など比較的頻度の高い災害常襲地区では、最近災害のほとんど発生していない沿岸地区と比べると意識の低下はやや小さいことも分かっています（黒崎ひろみ他：2010）。たとえば、発生から50年が経過した新潟地震の被災地でも、その災害があったことを知っている児童は多かったものの、新潟地震で発生した津波、火災、液状化など具体的な被害は知られていませんでした。このほか、新潟で起こった過去の災害もあまり知られていないことがわかっています。（佐藤翔輔：2016）

　防災教育の効果がその参加者だけにとどまるものでなく、その周囲の人々にも波及し、またそれを促進することができるとすれば、より効率的に地域の防災力を向上させることが期待できます（Ya-Wen CHEN 他：2013）。参加者が学んだことを家庭で実践したり、家族に対して伝達行動を行ったりした結果、参加者のみならず家族においても良好な行動変容が生じることを報告しています（千葉敦子、竹森幸一、山本春江、浅田豊：2007）。

　このように学校の防災教育から、地域やコミュニティの防災に広がっていくことが期待されています。

2-7. 看護師を中心とした防災教育の取り組みと課題

　看護職に、災害に備えるための教育プログラムを提供する試みは、公衆衛生の取り組みの一環として、我が国だけでなく、米国ロサンジェルス地域でのコミュニティ防災教育（David Eisenman：2014）など、海外でも展開されています。たとえば、兵庫県立大学では、災害への備えとして「安全・避難」「ライフライン断絶時の生活支援」「情報提供・周知」の3つの大項目からなる合計22の小項目に整理して、防災教育を展開しています。教材や対応策が紹介されたことで、看護師自らで具体策を考えることに繋

がっています。受講後3ヶ月間は備え行動が継続されることも明らかになっています。ただし、各項目には個人や病棟スタッフの合意で実行できることもあれば、たとえば、電気、ガス、水道の停止時の対応、代替品の購入、大型備品の固定など病棟の判断だけでは実施できないこともあります。演習に参加したスタッフだけでなく、参加しなかった病棟スタッフや他職種を巻き込んだ調整や連携が必要です。課題が共有されていなければ、温度差が生じたり、関係部署で検討されるのを待たなくてはならなかったりして、行動化されにくくなります。そのため、リスクアセスメントや対応策を考える段階から、関係部署・職種の人々の参加を促し、共通認識のもと取り組めるようにするのが望ましいと言えます（渡邊聡子他：2013）。

2-8. まちづくりとしての防災教育の取り組み

　近年では、防災教育をまちづくりの一環として、防災のワークショップなどを実施するケースも多く、一般的に理解されています。このような活動によって、地域内で認識の変化についてはある程度見られますが、ワークショップ参加後に、ハザードマップ確認などの主体的な情報

取得行動を新たに取った、あるいは具体的な備えを行った参加者は回答者の約1割から2割程度で、ごく少数に留まることも確認されて、防災教育の質が問われるようになりました。認識の変化（あるいは意識の向上）があったとしても、行動にはなかなか移らない可能性があり、その対策が重要であることも分かっています（牛山素行他：2009）。

　過去の災害関連資料から看護の視点に基づいて、災害の備えに必要な環境危険認知要素、防災準備力要素、生き残り能力要素、被害予測能力要素、地域コミュニティ要素を整理して、公開する試みでは、約8ヶ月で37都道府県、600人以上の利用がありました。しかし継続利用したものはわずかで、特に40歳未満で地域コミュニティ要素の点数が低いことも明らかになっています。30歳から40歳代の子育て世代では、子育てをきっかけに地域の人的ネットワークが広がっていくことから、地域の子どもを巻きこみながら、社会への関心が高めることが大切であることも分かってきています（片山貴文、野澤美江子、東ますみ、神崎初美：2008）。

　子ども達が主体的に関わって、地域で実践されている防災まちづくりを実践すると、訓練への地域住民の参加状況は前

年度から大幅に増え、一定の効果がある
ことも明らかになっています。また、地域住民の多くは、普段から地域の中で認識している傾向にある避難地点に移動し、逆に馴染みのうすい場所には移動しない傾向にあります。防災まちづくりでは、訓練の結果をもとに、避難の仕組みを見直すこと、避難路やそれに関わる設備などについて地域環境に配慮した空間整備方策を考えて行くことが、次の段階の課題として上がっています（照本清峰：2012）。　防災教育では思考・判断や、理解・行動・備えを主眼とする教材は多いものの、参加・協力・貢献を主眼とする防災教材が不足しています。教材で提示した生活防災に資する行動について理解されているものの、提示した以外の行動を主体的に考えようとしたり、生活防災の意図を考えようとするような具体的なアクションに至らないことも報告されています（石原凌河他：2014）。

2-9. 静岡県富士市の防災活動の取り組み

　静岡県富士市は東海地震や火山、土砂災害などさまざまなリスクを抱える地域であるため、防災活動が活発です。人口256,126人の自治体で、レベル1（100年～150年に一度）の東海地震、東海・東南海地震、東海・東南海・南海地震（マグニチュード8.0—8.7）、大正型関東地震（マグニチュード8.0程度）への備えと、レベル2（千年～数千年に一度）の東海トラフ巨大地震（マグニチュード9.0程度）、元禄型関東地震（マグニチュード8.2程度）を想定した防災体制を整える活動を展開しています。津波被害程度は最大6mで静岡県内では比較的小さく、田子の浦湾内に限定されており、太平洋沿岸は10m程度の丘陵があり、津波の恐れを少なくしています。

　防災訓練は、職員動員訓練（4月）、富士市総合防災訓練（9月）、地域防災訓練（12月）など全市、全地域で展開されています。26地区全てにまちづくりセンターがあり、そこに自主防災会が組織されています。避難所53箇所、福祉避難所（社会福祉センターや特別支援学校）5箇所が指定され、ハードな防災体制は整っています。

　大規模災害に際に被害が集中する高齢者などの災害時要支援者への対応も積極的に取り組まれています。災害時要支援者対策は手あげ方式で実施しています。特に個人情報の扱いに注意が払われています。本人の了承が得られた場合に、災害支援キットを配布し、要支援者の医療福祉情報を記入した用紙をボトルに入れ、冷蔵庫に保管する方法です。開示す

る情報は最小にとどめ、緊急時に開示する仕組みにしています。人口25万人のうち、要支援者21,000人、そのうち7,000人にキット配布ずみです。

　自主防災組織が地区ごとに設立され組織率99％と高くなっています。自主防災会長研修会、地区防災会議、学校防災教育連絡会議、地域防災指導員制度、自主防災会が行う防災訓練、防災講座が展開されています。また、地区防災計画の策定状況は、地区ことにばらつきがあります。たとえば、富士駅南地区は先進的な地区で、地域の活動団体の連絡会となる地区防災会議を組織し、地区防災の活動を展開しています。団体は22団体（区長会、生涯学習、生涯学習（体育保険）、生涯学習（安全教育）、生涯学習（成人教育）、生涯学習（青少年育成）、福祉推進員、PTA、子供会世話人会、健康推進員など）の連携が図られています。

2-10. 大阪市立大学都市防災教育研究センター (CERD) の取り組み

　CERDでは、コミュニティ防災教育プログラムの具体的に展開しています。大阪市内の住之江区、西成区、住吉区、

写真 2.1　アクティブラーニング型災害対応訓練の様子

23

平野区などでワークショップや公開講座・市民対話を実施しています。その結果、日常防災行動の向上にはリアリティ・オリエンテーションの教育プログラムが有効で、特に地域の人が参加しリーダー及び各々の役割を確認することが意識を行動させ、日常的な防災の取り組みにつながることが示唆されています。その条件として、アクティブラーニング型の教育プログラム、中学生の参加とコミュニティ防災協議会などの必要性や、実社会で継続的に実施することの困難さなども明らかとなっています。この防災教育プログラムにより、防災知識、防災技能が向上することが示されていますが、災害への不安感にはばらつきが生じています。災害への不安感は防災技能向上に伴って一部低下するものの、防災知識が向上すると逆に不安感が増す傾向が観察されました。

　日常防災行動は学生と成人との世代間や地域間によって差があり、地震や浸水などの災害への不安感が高い人ほど日常防災行動のポイントが高くなる相関が示されています。中学生の参加はリアリティを高める上で有効ですが、それを図る上で学校教育とコミュニティ防災教育との連携やカリキュラムの整合が不可欠で、共通の資格や顕彰などを工夫して共同の仕組みにするなど地域組織の連携の必要があることが明らかになってきました。地域行事や学校行事に防災教育活動を組み込むことは、防災教育の継続性のために不可欠ですが、そのための連携や工夫が求められます。たとえば、学校と地域の合同の防災訓練を企画し、定例化する仕組みにするなど地域イベントの連携の必要があります。

　地域の学校の協力を得ながら、子ども、大人（親・家族）、高齢者や障がい者、専門職の参加をえる混合クラスを編成し、受講者それぞれのステージに応じて学習内容をカスタマイズして、起こりうる災害を現場でリアルタイムに再現して、自分の役割を訓練します。

2-11. 現実の災害リスクを実感する地区防災教室

　CERD では、地区防災教室で現実の災害リスクを実感できるようにするために、「リアリティ・オリエンテーション」をヒントに検討を進めています。

　本来のリアリティ・オリエンテーションとは、認知症患者が周りの環境を受け入れ理解するために開発された先進的な治療プログラムです。この考え方を人の防災力を確かに高め、コミュニティ防災システムを社会に実装するために導入

し、防災教育に適用しました。災害のリアリティ・オリエンテーションは場所、人、時間の３つのモードのリアリティを持たせた災害体験のプログラムです。体験するグループは、地域の中のさまざまな課題についてディスカッションしながら、実際に共同して解決するアクションをおこすことが大切です。以下が、現実の災害リスクを実感する地区防災教育の考え方です。

(1) 場所のリアリティ：地区の災害リスク特性を把握して、具体的に準備します。

　場所のリアリティとして、人口１万人ぐらいを単位にコミュニティ地区を設定し、その地区の特性に配慮しながら防災教育を実施します。具体的には、木造家屋密集地・津波浸水地区・断層帯地区・土砂災害危険地区・ニュータウン（少子高齢化問題と地盤災害リスク）地区・被災地区など地区の災害リスクや社会の特性に配慮しつつ、①平常時、②発災直前、③災害時、④復旧・復興期ごとに教育プログラムの展開し、そこで気づいた点を具体的に継続的な改善を進めます。

(2) 人のリアリティ：防災リーダーを中心に専門職と住民が連携します。

　人のリアリティでは、コミュニティの中で防災リーダーを育成するだけでなく、看護師や医師や福祉師などの専門職

や、子ども・高齢者・障がい者などすべての住民が受け身でなく何らかの役割を持って防災教育に関わります。小学校区１万人のコミュニティに地区防災教室を一か所整備し、その中からサポーター1,000名、防災教育者（リーダー）100名の育成を目標にして、地区防災教室が地区内で継続的に発展する仕組みづくりを進めます。

(3) 時間のリアリティ：リアルタイムに自己の判断で訓練します。

　時間のリアリティでは、災害の発生を想定したリアルタイムで参加者に自己判断を促すアクティブラーニング型災害訓練を実施します。受講者は子どもから大人、高齢者や障がい者、専門職までの多様な構成とし、対応訓練では実際の地区で最も起こりうる災害をリアルタイムで再現し、自分の役割を訓練します。この活動から、計画では気づかなかったさまざまな課題の発見やその改善に向けての意識の共有をはかります。

2-12. まとめ

　このように、大規模災害において災害死ゼロに向けて、人的な被害を最小にするには、個人個人の取り組みだけでは、限界があります。高齢者や子ども・障がい者などの災害弱者を地域のつながりの

中で守る地区共助プラットフォームが不可欠です。ただ、そのプラットフォームは行政や自治会の一部の人のリーダーシップで解決するものでなく、無関心な人までも巻き込むコミュニティ防災教育のシステムが求められています。これが、社会活動すべてに防災の考え方を組み込む「防災のメインストリーミング」の活動でもあります。このような状況認識の下、CERD では災害時にリーダーとなる少人数のグループに向けて、市民防災力を向上させることのできる災害のリアリティ・オリエンテーションを提供するコミュニティ防災教育プログラムを開発しています。地域の学校、看護師、自治会などとの連携を計りながら、実際の災害が生じた時に実行できるためのリアルな防災行動を整えて行かなければなりません。

参考文献

・第 3 回世界防災会議（仙台）日本政府コメント、2015（ジェンダー、障害者と同様に、防災を社会共通の課題とする動き）

・Kazuhiko Mori (2016): Social Implementation of 'CDMS' Community Disaster Management System for improvement of Daily-Life Behaviors、、4th International Conference on Urban Disaster Reduction Sustainable Disaster Recovery: Addressing Risks and Uncertainty October 17-20、2016

・内閣府 (2016)：日常生活における防災に関する意識や活動についての調査

・内閣府 (2017)：防災白書 2016

・片田敏孝他（2011）：希望者参加型の防災実践の限界―津波避難個別相談会の実施を通じて―、土木学会論文集 F5（土木技術者実践）、Vol. 67、No. 1、1-13.

・Prochaska & DiClemente、(1983)：「変化のステージモデル」（主に、喫煙や過食などの習慣的問題行動に対して、クライエントの問題への関心・関わりの程度に応じた心理学的介入を行うことで、問題解消を目指す行動変化モデルである。

・鈴木健介他：高等学校における防災減災教育プログラムの開発、日本集団災害医学会誌 2010；15；18 － 24

・稲垣意地子他：地域性を考慮した児童に対する防災教育の効果に関する考察、自然災害科学　J.JSDNDS 28-4 357-369、2010

・黒崎ひろみ他：地震津波をテーマとした学校防災教育効果の持続と低下、土木学会論文集 B2 Vol66. No.1、2010、401-405

・佐藤翔輔：発生から 50 年を迎えた「災害の記憶」の現状把握と災害・防災教育の試み -1964 年新潟地震をテーマにした小学生対象の出前授業から、自然災害科学、35-1、29-38、2016

・Ya-Wen CHEN 他：小学校児童に対する防災教育の地域への効果波及に関する研究、公益社団法人日本都市計画学会都市計画文集、vol48. No.1 、2013 年 4 月

・千葉敦子、竹森幸一、山本春江、浅田豊

（2007）「減塩学習会の参加者から家族へ及ぼす教育効果に関するプロセスの解明」家族看護学研究 12(3)、90-100

・David Eisenman (2014)：The Los Angeles County Community Disaster Resilience Project: A Community-Level、Public Health Initiative to Build Community Disaster Resilience

・渡邊聡子他：看護職向け「災害に備えるための教育プログラム」、受講前後における備え行動の変化、University of HYOGO/Research Institute of Care for People and Community、Vol.7、2013

・牛山素行他：非居住者を対象とした防災ワークショップの参加者に及ぼす効果の分析、自然災害科学 J.JSNDS27-4 375-385、2009

・片山貴文、野澤美江子、東ますみ、神崎初美：減災意識を継続的に高めるための災害の備えチェックシステムの評価、日本集団災害医学会誌、2008; 13: 22-30

・照本清峰：防災まちづくりと防災教育の連携による実践的津波避難訓練の効果と課題、海南市黒江船尾地区を事例に、公益社団法人日本都市計画学会都市計画論文集　Vol.47 No.3、2012 年 10 月

・石原凌河他：生活防災を題材とした防災教育教材の開発とその評価、土木学会論文集 H（教育）Vol.70 No.1、1-12、2014

3 リスク共有プログラム 三田村宗樹

災害リスク認識へむけた地形・地盤特性の把握

　　日本列島は環太平洋変動帯にあるとともに、大陸と海洋の境に位置し、地震・火山・降雨・土砂などの多様な災害が発生しうる国です。地区防災計画策定のためには、住民自らが、居住地域の災害リスクを正しく再認識する必要があります。国内の災害関連機関では、各種の災害に関わる基礎資料を提示しているものの、地域住民がそれを活用して、地域の再認識につなげている状況ではありません。ここでは、災害リスク認識につなげる基礎資料の紹介とそれらの資料をどのように見て地区のリスク認識につなげるべきかを解説します。

3-1. はじめに

　地域の自然災害に対する防災力向上に向けた取り組みの第一歩は、地域でどのような自然災害が発生し、地域でどのようなことが起きるのかを具体的に想定することが必要です。役所から地域の防災マップが配布されていますが、多くの場合、避難所の位置や避難ルートなどは示されているものの、その地域で生じるハザード(災害を発生させる各種の障害、たとえば想定される浸水・震度・土砂流出などの程度)は、そのマップの片隅に小さく記されるか、別途、役所のホームページに公開されているかです。このため、マップを注視するか、ホームページを閲覧するか、かなり能動的に確認を行う行為をしないと理解が難しく、住民のほとんどは、どのような資料をもとに、生活している地域で生じる災害の想定さ

れる範囲やその程度を認識すればよいかを知りません。

　ここでは、地区の防災力向上の活動で必要とされる公開される各種の資料の見方と、状況評価の流れについて整理して示します。

3-2. 人口集中地域と地形

　日本列島は、国土の7割以上が山地からなり、多くの都市は低平地に立地しています。各市町の役所は、その利便性から人口集中している地域の中心部に設置されていることから、市町村の役所の位置とその場所の地形区分ごとに分けて示してみたものが図3.1です。これを見ると、沿岸域をもつ都道府県の市町の役所は、その沿岸域の低地に位置しており、人口集中域の多くが、沿岸域に発達した河川下流部から河口域に広がる沖積平野

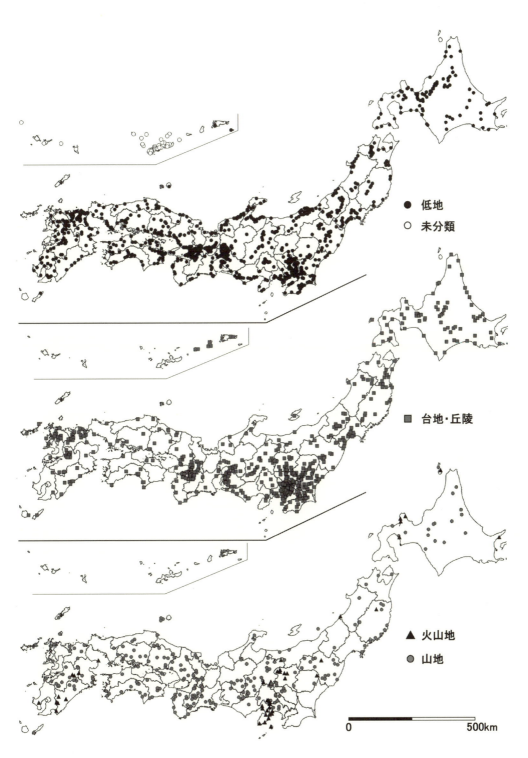

図 3.1 市町村の役所位置と地形区分

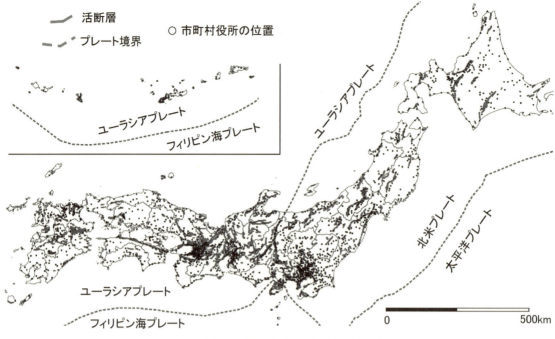

図 3.2　市町村の役所位置と活断層分布

に位置しています。大都市を有する地域は、大河川の沖積平野が広がり、周辺市町も多く分布します。内陸部の市町は盆地内の低地・台地上にあります。このように、人口集中域の多くが沿岸部の低地にあり、河川氾濫、台風時の高潮、海域地震による津波災害が発生してきました。内陸部では、盆地低地部の河川氾濫や山麓での斜面災害・土石流災害の発生が起こっています。

　図 3.2 に内陸部で認識されている活断層とプレート境界を示しました。日本列島は 4 つのプレートが接合する地域で、海洋プレートが大陸プレートの下に沈み込んでいます。それぞれのプレート境界のほとんどが海洋域に位置し、数十年から百年あまりの間隔でマグニチュード 8 以上の巨大地震を引き起こし、津波を発生させます。プレート運動で日本列島には歪が生じ、それを解消するため内陸地震が発生します。規模の大きな内陸地震の場合、地表にまで達するずれが現れ活断層として認識されます。活断層は、これまで何度も地震を繰り返し、地殻の歪を解消しながら、日本列島の起伏に富む地形をつくり上げてきました。山地と低地の境界部に活断層は位置することが多く、沿岸部の沖積平野の縁辺や内陸盆地の縁辺部には活断層が存在します。このような地殻変動を背景にしてつくられた低地部分に都市が発達することから、多くの市町の近傍に活断層が位置します。このため、日本の市町は例外なく地震への備えが必須であることがわかります。

3-3. 地域を知る地形分類図とその見方

　防災活動で、地域を見直し、どのような災害によってまちの状況がどのように変わるかを想定する際に、その地域の地形を確認することは最も重要な視点です。地域の地形特性をみるために活用できるのは地形図です。地形図は、等高線で示された地形図から、起伏の状態を知ることができます。しかし、WEB上で公開される簡便な地図の場合、等高線は示されないか、示されても粗い表現でしかなく参考資料にするには不適切です。

　日本国内で統一した基準で作成される地形図として国土地理院が発行する2万5千分の1地形図があります。この地形図は、都道府県所在地の大きな駅前の書店などで市販されるほか、国土地理院のWEBサイトの**地理院地図、電子国土WEBサイト**上で閲覧ができます。台地、丘陵地、山地の地形を確認するには最も適切な地形図といえます。国土地理院の2万5千分の1地形図の等高線間隔は基本的に10m間隔です。低平地においては、5mの補助等高線が加えられます。しかし多くの場合、市街地化され多数の建物が存在する地域は、建物表記の中に等高線が隠れ、地形状況を確認することは容易ではありません。

　多くの都市域が低平地に位置すること

から、低平地を地形特性に応じて細分した主題図を見ることが、よりよく地域を理解するために必要です。この目的にあった主題図として地形区分図があります。国土地理院では、主要な都市域周辺について2万5千分の1**土地条件図**を発行しています。この図は、主要都市域とその周辺についてまとめられています。しかし、すべての府県に整備されていません。類似の主題図として国土交通省国土政策局が主幹としてまとめた**土地分類基本調査**があります。5万分の1縮尺で北海道を除く都府県の表層地質図・地形分類図・土壌図がまとめられています。いずれの主題図もWEB上での閲覧が可能です。地形区分要素と災害リスクとの関係を表3.1にまとめました。

　沖積平野は本来その地域を流れる河川によって運搬された土砂が堆積し、川の蛇行に伴って広い範囲に平坦な地形がつくられました。日本の河川はその氾濫原を水田として利用するため、河川堤防によってその流路は固定されています。このため、計画範囲を超えた降雨が生じると、河川流量は極端に増加し、堤防を越流したり、堤防の決壊が生じたりして、本来の氾濫原の領域が浸水します。このような沖積低地は、現河川のもっとも新しい軟弱な堆積物で覆われているため、

表 3.1 地形区分と災害リスクの関係

地形区分		地震災害			津波	水害			土砂災害		
		強い揺れ	液状化	崖くずれ		内水氾濫	外水氾濫	高潮	崖くずれ	地すべり	土石流
山地	山地			○					◎	◎	
	山麓堆積地形								○	○	○
扇状地							○				◎
台地・段丘				○	△						
低地	砂丘			○	△			○			
	砂州	○	○		○	○	○	○			
	自然堤防	○	○		○		○				
	氾濫平野	◎	○		○	○	◎	○			
	後背湿地	◎	○		○	◎	◎	○			
	浅い谷	○			○	◎	○	○			
	凹地				○	◎	◎	○			
	天井川周辺						◎				
	河川敷		◎		○		◎	○			
人工地形	高い盛土地	○		◎					○	○	
	切土地			◎					○		
	農耕平坦化地	○		○					○		
	盛土地	○		○							
	埋立地	○	◎		○			○			
	干拓地	○	◎		○	○	○	○			
	旧河道	○	◎		○	○		○			

▨ ：沿岸域　　◎：起こり得る可能性が特に高い
○：起こり得る可能性が高い
△：規模が大きいと起こり得る

地震時に揺れやすい地域でもあります。また、低地であるため地下水の水位も浅く、地表付近に緩い砂が厚く分布すると、地震時に地盤液状化を生じます。このように、氾濫平野・後背湿地といった地形区分でみなされる地域は、多様な災害に対してリスクの高い地域となります。

　日本の山麓部には扇状地が発達しています。この地形は渓流から土石流によって流出した土砂が幾度も方向を変えて堆積した結果つくられました。山地に近い都市域の拡大では、山麓部の扇状地が開発対象となります。神戸や広島はその典型例といえます。扇状地そのものが土石流の及ぶ範囲であることを示しています。神戸では 1938 年の阪神大水害、広島では 2014 年 8 月豪雨や 2018 年西日本水害での土石流災害が生じました。

　歴史的な集落形成の中、自然に沿った土地利用がなされ、後背湿地や氾濫平野が水田として活用され、住民は浸水が及びにくい微高地である自然堤防や段丘上に居住地を設けてきました。これは、長年その地域に暮らす人々の知恵で合理的な土地利用といえます。近年の都市の拡大と稲作減少によって、かつての水田は宅地に変貌しました。新しい開発地に暮らす住民は、古くからの居住者でないた

め、その土地の災害経緯や土地の特性を十分に理解していません。このことからも、その土地がどのような性状を持つ場所かを住民に地形区分図から認識してもらう必要があります。

　人工的に改変された地形も災害要素として重要な要因となり得ます。丘陵部の大規模造成による谷埋め盛土やため池・旧河道を埋立てた内水面埋立地、沿岸部の大規模埋立地などがあげられます。これらの人工改変地を認定するには、新旧の地形図の比較が必要となります。国土地理院のWEBサイトの**地図・空中写真閲覧サービス**で、新旧の地形図を確認することもでき国土地理院に申請すれば、それらの謄本も入手できます。

　都市近郊の丘陵地域は、ベッドタウンとして大規模開発が行われてきました。起伏があり、斜面地である丘陵は、尾根を削り、削り取った土砂で谷を埋める造成が行われて、平坦化がなされます。谷埋め盛土部は地表が平坦化されても、その地下にもとの谷地形が伏在し、排水処理が充分でないと、盛土内に地下水が滞留します。普段は十分な強度を保っていますが、地震時に地下水の水圧が上がることで盛土強度は低下し、盛土末端部の法面から地すべりを発生させます。

　1995年阪神大震災や2011年東日本大震災の際に阪神間や東京湾の沿岸埋立地では、顕著な地盤液状化が発生し、地盤の不等沈下や測方流動によって埋設されたライフラインの切断や戸建住宅被害が発生しました。従来の沿岸埋立てでは海底に堆積した砂質・泥質の堆積物をサンドポンプでくみ上げ、埋立予定地に投入する浚渫埋立が行われました。神戸沿岸域の埋立開発では、内陸の山地を造成して発生した削剥土砂を海上運搬し埋立土としました。これらの埋立土層は比較的緩い土砂であり、沿岸域にあることから地下水位も地表近くに位置することが多く、ここに地震動が作用すると容易に地盤液状化に至ります。沿岸埋立地だけでなく、内陸部のため池や旧河道を埋立てた内水面埋立地も、かつての水域で水が集まりやすい地形であったことから、地下水も浅い位置にあり、沿岸埋立地同様に地震時に地盤液状化を発生させやすい箇所といえます。

　以上のように、地形区分要素によって、自然災害のハザードがどのように現れるかが概ね特定されるので、地域にどのような地形区分要素が広がるのかを確認することが大切です。地形区分の境界は、低平地では坂道を形成しています。場合によっては2m程度の高低差で地形が異なります。自然堤防はその典型例です。

33

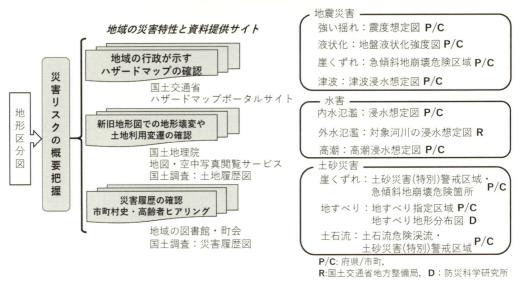

図3.3 災害リスクの把握のための資料提供サイトと関連の主題図

このような微高地は、一般の地形図では表現されません。地形区分図では、このような微地形も示されているので、まち歩きを通じて地形区分境界を現地確認することも重要です。2m前後の高低差が、地震時のゆれの程度や浸水範囲の違いとなって現れるからです。

3-4. 自然災害に関わる情報取得

災害を誘発する自然現象の違いによって、地形要素や街並み、防災情報の取得方法などが異なります。ここでは、それぞれの自然災害に関わる事前の情報取得について説明します。図3.3に各種の災害に関わる地域情報を示す資料提供WEBサイトや主題図を示します。

■**地震災害**

地震は、現状の科学的知見では発生予測が困難な自然現象です。日本列島とその周辺は地震の多発地帯で、図3.2に示したように、主要な活断層は人口集中地域近傍に位置しています。このことから、いつどこで地震災害が発生してもおかしくないと考えるべきでしょう。

国土地理院が発行する**都市圏活断層図**は、日本列島の主要活断層の地表位置を地形的特徴から特定しています。また、**新編 日本の活断層**(東京大学出版会)では、地質的な評価も加えた断層の分布図をまとめています。いずれの資料も地表での断層位置を示したもので、地下10~15kmを震源とする内陸型地震では、地表から地下に延びる断層面の姿勢によって、震源位置は、地表活断層の位置とずれるので、地表の断層位置のみが危険であるわけではないことを認識しておく必要があります。

地形区分図(土地条件図・土地分類基本調査地形分類図)を用いて、地域の地

形区分を知り、揺れが大きくなりやすい低地に区分される地域に相当するかを確認する必要があります。特に、大都市圏が位置する関東・濃尾・大阪・新潟・石狩平野などは活発な地殻変動によって沈降し、厚さ数100m以上に及ぶ未固結の地層が広く分布する地域であり、地震波が増幅されやすく、地表では強い揺れに見舞われやすい地域です。これに加えて、平野表層の軟弱な沖積層(主に砂と粘土から構成される約2万年以降の地層)で地震波の増幅が生じ、建物の破壊につながりやすい揺れが現れます。地形区分要素での後背湿地・氾濫平野とされる箇所などは強い揺れに見舞われやすい地域となります。

地盤の液状化現象が発生しやすい箇所としては、緩い砂地盤で地下水位が浅い地域であり、特に沿岸・内水面埋立地などがその対象地域となります。地盤液状化現象以外に地震時の地下水が関わる現象として、谷埋め盛土の不安定化があり、大規模宅造地での被害が多く生じました。これらの現象はいずれも人工改変地における盛土・埋立土の問題であることが多く、前述した新旧の地形図比較で確認できます。現在、国土交通省の国土調査で土地履歴調査が進められており、大都市圏では、新旧の地形図比較による、旧水部や旧谷底部などを抽出した図面が公開されています。

地震時には、斜面地も不安定化しやすくなります。特に起伏地の斜面部では、地震時のゆれが斜面上部で相対的に大きくなりやすく、不安定な斜面は地震によって崩れやすくなります。宅地の地盤がひな壇状に造成され、擁壁などで覆われている場合も、擁壁の倒壊を招く可能性もあります。自然斜面などでは、急傾斜地崩壊危険箇所や土砂災害警戒区域に該当する地区かどうかも調べておくことが重要です。これらの指定は、斜面高さ5m以上、傾斜30度以上の斜面とその前後の誘発助長区域を含めた箇所に設定されています。これらの指定区域の範囲は都道府県・市町村がWEB上で公開されています。国土交通省によってこれらのサイトをまとめたハザードマップポータルサイトがまとめられており、各地域の防災マップを閲覧できます。

地域の過去の地震災害を参考にすることも、地震時に何が起こるのかを知る手立てとなります。これには、地域の市町村史を見ることも重要でしょう。

■水害

近年、過去の気象記録を更新する降雨が各地で観測されています。統計的に稀とされるような豪雨が、現在では生じや

すい状況がうかがえます。このことから
も、降雨に起因する災害についても高い
確率で起こり得ると考えて、居住地域の
災害リスクに関わる確認を行うべきで
しょう。水害の浸水範囲に大きく関わる
のは低地部の地形であり、リスクの高い
地域としては氾濫平野や後背湿地とされ
る箇所が主に対象となります。主要な1
級河川沿いの低地を対象として国土地理
院は2万5千分の1治水地形分類図を
作成しています。大都市圏については国
土調査の土地履歴図で、過去の浸水履歴
の範囲が示されていますので、これらの
図面を参考に、地域の浸水しやすい箇所
を確認することも必要です。

　内水氾濫・外水氾濫いずれの場合も、
その浸水位域は地形に強く依存していま
す。低地部においては、河川敷（堤外地）
と市街地（堤内地）は河川堤防によって
区切られます。

　河川堤防は、低地の地表面より高いた
め、河川増水の際の水位は市街地の地表
面より高い位置となります。河川水位が
堤防を越える、あるいは堤防が破堤する
と、河川水は市街地に流入し浸水範囲が
広がります。これが外水氾濫です。浸水
範囲の拡大速度は、平野の地形勾配や起
伏の状況にもよりますが、時速1~5km
で人の歩く速度程度です。しかし、決壊

位置近傍や、堤内地の河川、用水路、排
水路などでは流速が大きくなることに注
意が必要です。

　内水氾濫では、集中豪雨にともなって
雨水の排水が、許容範囲を超えた場合や、
主要河川の水位が上昇し、堤内地の河川
や水路に逆流することで雨水排水ができ
ずに、堤内地の浸水が発生します。道路
の排水施設は5年、10年の確率降雨強
度を過去の降雨記録から評価して設計さ
れています。日本道路協会によると、日
本国内の10年確率降雨強度は各地で異
なり、40~85mm/hr（60分継続）の範
囲にあります。概ね50mm/hrの雨が1
時間降り続くと、多くの箇所はその設計
上限に近づき、周辺より低く雨水の集ま
りやすい箇所では浸水が生じます。内水
氾濫については少しの起伏の違いで氾濫
しやすい地区が異なってきます。地形区
分図で示される氾濫平野、後背湿地、浅
い谷、凹地とされる地区については注意
が必要です。

　外水氾濫の浸水深の想定は1級河川に
ついては国土交通省地方整備局が、2級
河川などについては都道府県庁が洪水浸
水想定区域と想定される浸水深を公開し
ていますので、それぞれのWEBサイ
トで閲覧するか、国土交通省のハザード
マップポータルサイトから該当市町村を

36

選定して資料を閲覧してみましょう。浸水深が 20cm 程度でも高齢者や児童は歩行困難となります。30cm をこえると自動車はエンジン停止を起こし、50cm 以上では車が浮き、ドアの開閉や、パワーウインドウが稼働しなくなります。50cm は床下浸水レベル、50cm をこえると床上浸水が発生し、2m で 1 階軒下までの浸水、5m で 2 階軒下までの浸水に至ります。想定される浸水深から、まちの状況がどのようになるのか、垂直避難できる安全な建物はどこにあるのか、安全な避難経路がどこかを事前に認識しておくことが求められます。

水害については、気象状況や河川水位の状況が提供され、これに基づいて注意報・警報が市町村・地域レベルで出されます。激しい降雨の際には、地域の防災無線が聞き取れないことがあり、個人レベルや地区レベルで、能動的に情報収集をして、早いタイミングでの避難を実施すべきです。気象状況に関しては、気象庁が気象レーダ観測をもとにした**高解像度降水ナウキャスト（雨雲の動き）・降水短時間予報（今後の雨）**のサイトで情報提供を行っています。河川水位については国土交通省の**川の防災情報**から該当河川を指定して、各水位観測所の現在の河川水位やその時間変化を示し、氾濫の

危険度の基準水位との関係を見ることができます。避難判断水位に近づき、さらに水位上昇の傾向がある場合、避難行動に移る必要があります。河川が氾濫する場合、氾濫地域に強い雨が降っていなくても、上流での豪雨によって下流域で顕著な水位上昇に至るため、近隣の河川水位に注視する必要があります。

気象庁では**洪水警報・注意報**、**大雨警報警報・注意報（浸水害）**について、上流域で降った雨により河川流域を 1km メッシュに分けて地表や地中を通って河川に流れ出すかを表す指標をもとにした**流域雨量指数基準**、対象区域内の雨での河川増水に関わる雨量基準、これら二つを複合させた複合基準、あらかじめ指定された河川での基準をもとにして発表されます。従来は、雨量のみで洪水警報・注意報は発表されていましたが、現在は各地域に応じた特性を考慮して従来より確度の高い情報が提供されています。気象庁が発表する各種の警報・注意報の基準は各地域で異なり、それらは気象庁の WEB サイトで**警報・注意報発表基準一覧表**として公開されています。

■ **土砂災害**

水害と同様、強い降雨が多くの土砂災害の誘因となります。日本列島は、山地域が大半を占め、近年の都市域の拡大と

ともに山麓部に宅地開発が及んでいる状況にあります。土砂災害の素因としては、斜面地や勾配の大きな渓流という地形要素が1つの目安になります。前節の地震災害でも示したように、急傾斜地崩壊危険箇所や土砂災害警戒区域が地形と住居の位置関係から指定されています。土砂災害特別警戒区域は警戒区域の中でも、土砂災害が発生した際に建築物や住民に著しい危害が生じるおそれがあり、一定の開発行為の制限や住居の件的が規制される区域とされています。

　渓流から流出する土石流によって山麓部の扇状地や河川支流の谷底低地は土砂災害を被りやすい箇所です。土石流を発生させる渓流も地形的特徴から評価され、河床傾きが15度以上で、住居や公共施設に被害が生じるおそれのある状況から指定され、土石流危険渓流として指定されています。渓流の下流部で地表の傾きが15~3度の傾斜を持つ領域が土石流の流下範囲として評価され、土砂災害警戒区域や土砂災害のおそれのある区域として指定されています。

　地すべりは斜面の比較的広い範囲が動き、幾度もその動きを繰り返すものを言います。大きな降雨や雪解けなどによって、斜面内の地下水位が上昇すると、斜面が不安定化して滑り出します。地すべ

りが生じている斜面は概ね馬てい形の急崖を上端部にもち、周辺の斜面に比べると相対的に傾斜が緩やかな斜面を形成することから、その特徴を抽出して範囲を確認することができます。地すべり防止区域も土砂災害警戒区域の範疇として指定されています。過去に顕著な地すべり災害が記録などで残されていない箇所でも、その変動履歴を有する斜面は上記の地すべり地形を持つことから、防災科学技術研究所では、そのような地すべり地形を抽出し地すべり地形分布図データベースとして公開しています。

　土砂災害を発生させやすい地区については上記のように、いくつもの範囲指定がされています。いずれかの範囲指定に該当する場合は、以下の降雨状況から判定される土砂水分量の評価指標と合わせて、早めの避難を心がける必要があります。

　降雨が誘因として加わるので、土砂災害発生にとって、事前の降雨状況を確認する必要があります。地すべりと同様、斜面内への雨水の浸透が斜面を不安定化させるので、斜面の水分量を評価した指標である土壌雨量指数を基準として、大雨注意報・警報（土砂災害）が出されます。この指数は、降雨による土砂中の水分量を逐次的に評価した指数であるため、大雨のあと、休止期間をおいて次の

雨が降った場合、先行した降雨量をこえなくても、指数が基準を超える場合があり、それによる注意報・警報が発表されます。この発表も、単に降雨量のみの指標でなく、土砂災害に関わる実質的な指標によっていることを理解しておくことが必要です。気象庁は、土壌雨量指数を逐次的に評価し、大雨による土砂災害発生の危険度を5kmメッシュごとに5段階で評価し、10分ごとに更新した評価結果を土砂災害警戒判定メッシュ情報として公開しています。土砂災害警戒メッシュ情報で警戒レベルに達した際には市町村長は避難準備・高齢者等避難開始の発令を行うこととなっています。

　水害・土砂災害に対する避難行動は、ほとんどの場合、気象状況と密接に関わり、上記のような災害事象に関わる基準に基づいて注意報・警報、避難勧告などが出されます。これらの情報を的確に入手して、十分に余裕を持った避難行動をとるべきでしょう。

参考文献とWEBサイト
・防災科学技術研究所：地すべり地形分布図データベース http://www.j-shis.bosai.go.jp/ map/
・活断層研究会編 (1991) 新編日本の活断層（分布と資料）、東京大学出版会，440p.
・気象庁：土砂災害警戒判定メッシュ情報 https://www.jma.go.jp/jp/doshamesh/index.html
・気象庁：気象警報・注意報 https://www.jma.go.jp/jma/kishou/know/bosai/warning.html
・気象庁：警報・注意報発表基準一覧表 https://www.jma.go.jp/jma/kishou/　know/kijun/index.html
・気象庁：高解像度降水ナウキャスト（雨雲の動き）・降水短時間予報（今後の雨）https://www.jma.go.jp/jp/highresorad/index.html
・国土地理院：2万5千分の1土地条件図 http://www.gsi.go.jp/bousaichiri/lc_index.html
・国土地理院：地図・空中写真閲覧サービス https://mapps.gsi.go.jp/maplibSearch.do#1
・国土地理院：都市圏活断層図 http://www.gsi.go.jp/bousaichiri/inspection.html
・国土交通省：川の防災情報 https://www.river.go.jp/kawabou/ipTopGaikyo.do
・国土交通省：50万分の1土地分類基本調査地形分類図 http://nrb-www.mlit.go.jp/　kokjo/inspect/landclassification/land/l_national_map_50-1.html
・国土交通省：ハザードマップポータルサイト https://disaportal.gsi.go.jp/
・国土交通省国土調査：土地分類基本調査 http://nrb-www.mlit.go.jp/kokjo/inspect/　landclassification/land/l_national_map_5-1.html
・国土交通省国土調査：土地履歴調査 http://nrb-www.mlit.go.jp/kokjo/inspect/　landclassification/land/land_history_2011/index_tile.html
・中田 高・今泉俊文（2002）活断層詳細デジタルマップ，東京大学出版会.
・日本道路協会：10年確率60分降雨強度図 https://www.road.or.jp/books/image.html

4 リスク共有プログラム 重松孝昌

都市リスクを表出させるインジケーターの模索

　災害大国日本では、さまざまな種類の災害に備える必要があります。ここでは、まず、各自治体が想定している災害の種類や発災したときに私達の日常生活や健康状態に大きな影響を及ぼす社会インフラの機能停止期間についてどのような想定がなされているのかについて、アンケートによって得られたデータを紹介します。次に、自然リスクを対象としてその注意点や着眼点について記して、都市リスクを表出させるインジケーターの模索の一助とします。

4-1. 都市リスクを表出させるインジケーターの模索

　都市の災害リスクを考えるとき、そのリスクをいくつかに分けて考えることができます。地理的特性に関わる「自然リスク」、日常生活に欠かせないインフラなどの「都市リスク」、避難する際に求められる個人の体力や・知識・判断力・経験などの「人的リスク」、地域に住む人々の連携に基づくコミュニティや福祉・医療などの「社会リスク」などです。

　まずは、自治体へのアンケート調査の結果に基づいて、「都市リスク」について考えてみましょう。

■都市リスク
（1）想定災害

　各自治体は、どのような災害が起こりえるかを想定して、避難支援プランを策定します。どのような災害を想定しているかを、複数回答可として尋ねました。アンケート結果を表4.1に示します。90%以上の自治体が、地震と風水害を想定していることがわかります。また、斜面崩壊を想定している自治体も約73%を占めています。津波の発生にも関わる海溝型地震に加えて、日本のいずれの地にも数多く存在する活断層による直下型地震の恐ろしさも十分に認識され

表4.1　全国で想定されている災害

想定災害	想定率(%)
地震	95.7
風水害	93.3
斜面崩壊	72.9
津波	41.5
竜巻	18.3
火山噴火	12.8
その他	13.0

表4.2　機能が果たせなくなる期間があると想定されているインフラ

インフラ	想定率(%)
電気	91.3
水道	88.7
通信	81.4
公共交通	68.7
ガス	38.9
その他	7.4

ていることがわかります。また近年では、短時間に大量の降水があることに伴う水害、さらには、降水に伴う斜面崩壊などの災害が多発していることからも、各自治体がこれらの災害対策に力を入れていることがわかります。その他の中には、原子力災害や雪害、火災、大規模事故・災害、インフラ障害、危険物災害などが含まれています。「特に、災害を限定することなく自らを守るために安全に避難行動をとらなければならない災害すべてを対象とする」と回答した自治体もありました。

地震と津波をともに想定している自治体は約41%、地震と風水害を想定している自治体は約71%、風水害と斜面崩壊を想定している自治体も約71%ありました。

（2）想定インフラ被害

ひとたび災害が発生すると、私達は平常どおりの生活を送ることは容易ではなくなります。その原因は、インフラの機能が一時的に喪失あるいは劣化してしまうためです。表4.2には、災害が発生した際に機能が果たせなく可能性があると自治体が想定しているインフラが挙げられています。同表によれば、電気の約91%をはじめとして、水道の約89%、通信の約82%、公共交通の約69%、ガスの約39%が機能不全に陥る期間があると想定されていることがわかります。その他の項目としては、下水道が約3%、道路が約1%などと想定されており、港や役場庁舎などの施設も挙げられています。

電気と水道が同時に機能しなくなる期

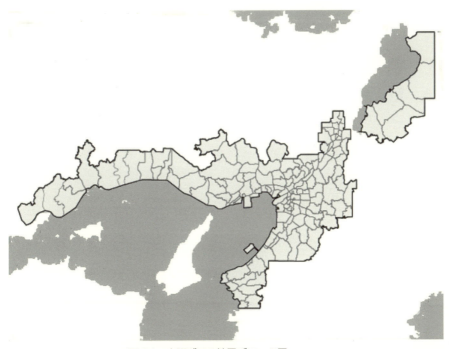

図4.1　大阪ガスの地震ブロック図

間があると想定している自治体は約88%、電気と通信が同時に機能しなくなる期間があると想定している自治体は約81%、電気と公共交通は約68%、電気とガスは約60%、電気・ガス・水道のいずれも機能しなくなる期間があると想定している自治体は約60%にのぼります。一方、電気が利用できなくなることを想定していない回答も約9%ありました。大阪ガスでは、被害の大きいエリアのみのガス供給を停止し、被害のないエリアにはガス供給を継続するために、2016年4月段階で、ガス導管網を159のブロックに分割し、可能なエリアから

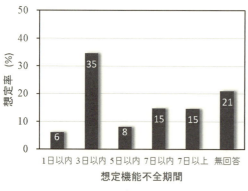

(a) 電気

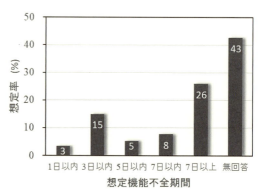

(d) 公共交通

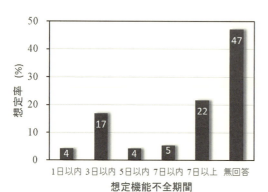

(b) ガス

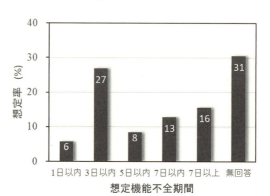

(e) 通信

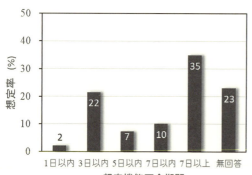

(c) 水道

図 4.2　インフラの推定機能不全期間

可能な限り早急なガス供給の再開ができるような仕組み作りに取り組んでいます（図 4.1 参照）。

図 4.2 は、各自治体が想定しているインフラの機能不全期間を取りまとめたものです。電気や通信などは 3 日以内と想定されている自治体の割合が高いことがわかります。一方、ガスや水道、公共交通などは、7 日以上、あるいは、無回答の割合が高くなっています。無回答という結果をどのように解釈すべきかは難しいですが、復旧にどの程度の期間を要するのか想像がつかないと自治体が考えているのではないかと推察します。

ここに挙げたインフラのすべてが機能不全に陥ると考えている自治体は約 45％ありました。このうち、すべてのインフラが 1 日以内に機能回復すると想定している自治体は 1％、3 日以内に機能が回復すると想定している自治体は約 15％、1 週間以内に機能が回復すると想定している自治体は約 23％でした。すべてのインフラが機能不全に陥ると想定している自治体では、インフラの機能が回復するには相当な期間を要すると考えているか、現段階では機能回復に要する期間の目処が立っていないと考えられます。

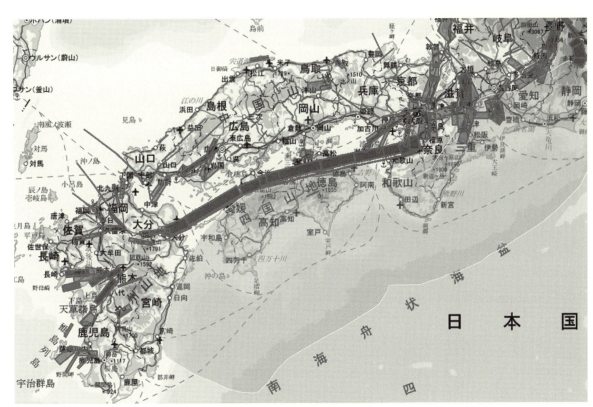

図 4.3　活断層及び海溝型地震震源断層の分布
（防災科学研究所：http://www.j-shis.bosai.go.jp/map/）

■ **自然リスク**

ここでは、「自然リスク」について考えてみたいと思います。

(1) 地震リスク

図 4.3 は、主要活断層帯（図中の太線）及びその他の活断層（図中の細線）と海溝型地震震源断層（図中のハッチ部分）の分布を示したものです。いたる所に活断層が存在するとともに、海溝型地震の震源となる断層も広く分布していることがわかります。まだ明らかにされていない活断層もあると言われていますので、地震のハザードはもっと広範囲あるいは密に存在するのかもしれません。断層が存在するからといって、私達が生活できないかと言えば、必ずしもそうとは言えません。断層が動かなければ地震は発生しませんし、断層が動いたとしてもそのずれがわずかであれば大きな地震にはなりません。残念ながら、いまの科学技術では、いつ、どの断層が、どの程度の規模で動くかということを予測することは

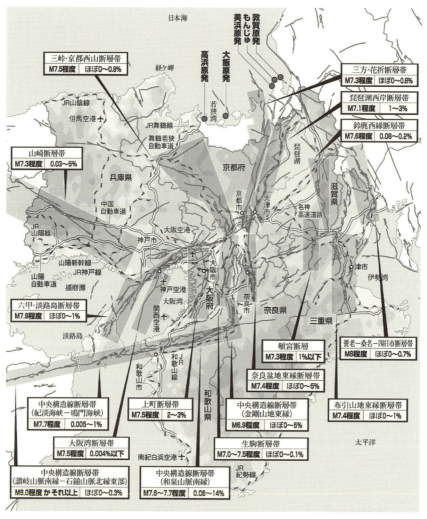

図 4.4 　近畿地方の活断層の分布と発生確率
(http://www.imart.co.jp/katu-dansou-japan.html より転載)

できません。どこに断層があるのか、どの程度の揺れが想定されるのか、ということを可能な限り知り、それに備えることしかできません。しかし、このような知識を持ちあわせているのといないのとでは、地震に遭遇したときの対処やその結果として生き延びる可能性に大きな影響を及ぼします。できる限り新しい情報の収集に努めていただきたいと思います。

図4.4は、近畿地方の主要な活断層による地震の予想規模（マグニチュード）と30年以内に地震が起きる確率を示したものです（産業技術総合研究所の「活断層データベース」に基づく）。地震が起きる確率とは、ある期間中（同図では30年間）に地震が発生する可能性を示しているものであって、確率の大きな順に地震が発生することを表しているものではありません。従って、発生確率が小さいから当面はこの断層による地震は発生しないなどと考えるのは誤りです。断層が存在する限り、いつ、地震が発生しても不思議ではありません。図4.4中に記載されている地震の規模は、推定されている最大規模の値が記載されていますが、概ね、マグニチュード7.5前後の値を示しています。私達の生活環境に直接影響を及ぼすのは、その地震によってどの程度の揺れに晒されるのか、すなわち、震度の方が重要かもしれません。震度は、

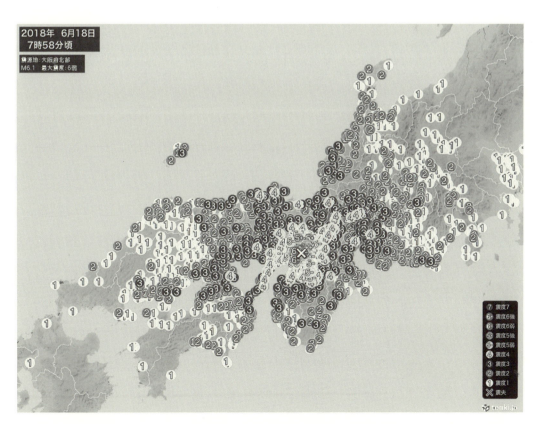

図4.5　2018年6月18日7時58分頃発生した大阪府北部の地震による震度分布
（日本気象協会 http://www.tenki.jp/bousai/earthquake/detail-20180618075838.html?xlarge_image=1 より転載）

地震の発生地点（すなわち震源）からの距離に依存しますので、ひとつの数値として表現することはできません。参考情報として、2018年6月18日に発生した大阪府北部の地震による震度分布を図4.5に示します。この地震は、マグニチュード6.1の地震で、震源の深さは約10km、最大震度は6弱の地震でした。2016年4月14日21時26分に発生したマグニチュード6.5の熊本地震では、最大震度7を記録しています。これらの情報と図4.4の推定地震規模を照らし合わせて考えると、近畿地方でも震度7の地震を経験する可能性は大いにあるものと考えられます。

(2) 気象リスク

気象庁のHPでは、各観測地点の観測史上1位の値を使って最高気温の記録を公表しています。2018年8月22日の段階では、公表されている最高気温が

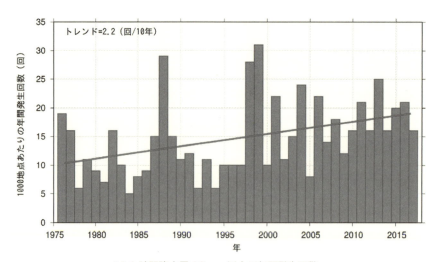

(a) 1時間降水量80mm以上の年間発生回数

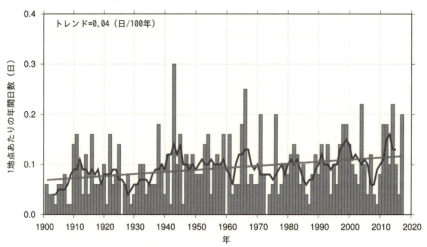

(b) 日降水量200mm以上の年間日数

図4.6　日本の降水特性の経年変化（気象庁のHPより）

高い上位 20 地点のすべての観測値は
40.1℃以上で、13 地点は 2000 年以降
の観測値、そのうち 8 地点は 2010 年
以降の観測値、さらに 5 地点は 2018
年の観測値、上位 3 地点はすべて 2018
年の観測値となっています。実感する暑
さが記録に如実に表れています。気象庁
は 2018 年夏の連続的な暑さについて
「40 度前後の暑さは、これまで経験した
ことのない命に危険があるような暑さ
で、ひとつの災害と認識している」との
コメントを出すに至りました。このよう
な暑さとともに異常と感じる気象要素と
して、降水が挙げられます。年々、雨の
降り方が激しくなっていると感じている
人も多いのではないでしょうか。

気象庁の HP では、1 時間あたりに
80mm 以上の雨が降った回数の経年変
化を公表しています。1 時間降水量
80mm というのは、「息苦しくなるよう
な圧迫感があり、恐怖を感ずる」猛烈な
雨に相当します。傘は全く役に立たず、
水しぶきで辺り一面が白っぽくなり、視
界が悪くなるような様子で、車の運転も
危険な状態です。このような猛烈な雨は、
年々増加する傾向にあり、2008 ～ 2017
年の 10 年間の平均年間発生回数（約
18 回）は、統計期間の最初の 10 年間
（1976 ～ 1985 年）の約 11 回と比較す

ると、約 1.6 倍に増加しています（図
4.6(a) 参照）。

下水道施設を設計する際には、土地利
用形態やどの程度の強さの雨が降るかを
想定して下水流量を推定しなければなり
ません。大阪市では計画下水量を推定す
る際には、1 時間降水量を 60mm とし
て推定しています。1 時間降水量が
80mm というのはこの推定値よりも大
きいことはおわかりいただけると思いま
す。一方、国土交通省近畿地方整備局で
は、路面排水量を計算する際には、大阪、
京都、兵庫、滋賀、福井では 1 時間雨
量 90mm が、奈良（大和川以北）では
100mm、奈良（紀ノ川以南）、和歌山
県では 120mm という値を用いること
としています。さらに、注意書きとして、
山岳部等の地形的な要因による降雨量増
加を考慮に入れなければならない場合
は、2 ～ 4 割増しをする必要があると記
しています。

1 日に降る降水量（日降水量）が
200mm を越える年間日数も増加してい
ます。日本の平均降水量は約 1,718mm
（国土交通省による試算。1971 年から
2000 年の平均値）ですので、日降水量
200mm は、年間降水量の約 1 ／ 8.6 が
わずか 1 日で降ることを意味します。

(3) 洪水リスク

　雨が降れば、雨水が地表面から地中へと浸透し、やがて、浸透しきれない状態になれば地表面を低い方へと水が流れ、川へと至ります。地中に浸透した雨水も地中を流れてやがて川へと至ります。地表面がアスファルトやコンクリートなどで覆われた都市化された地域では、地中に浸透する雨水がほとんど無く、道路側溝などを通じて下水処理施設に流れ込み、アスファルトで覆われていない場合と比較すると早く川に流達する傾向があります。下水処理施設に流れ込む雨水の量が下水処理能力よりも多い場合には、下水管などから雨水が地表面に溢れ出して内水氾濫が発生します。一方、川に流れ込む雨水の量が多い場合には、外水氾濫が発生します。多くの場合、河道（川の水が流れている部分）に流れる水の量が多くなって堤防を越えて水が溢れて外水氾濫が発生する（図4.7(a)）と理解されていますが、堤防が浸食されて堤防が決壊する場合（図4.7(b)）、堤防内を水が浸透して堤防が決壊する場合（図4.7(c)）、堤防の下に水道（みずみち）ができて堤防の外側から堤防が決壊する

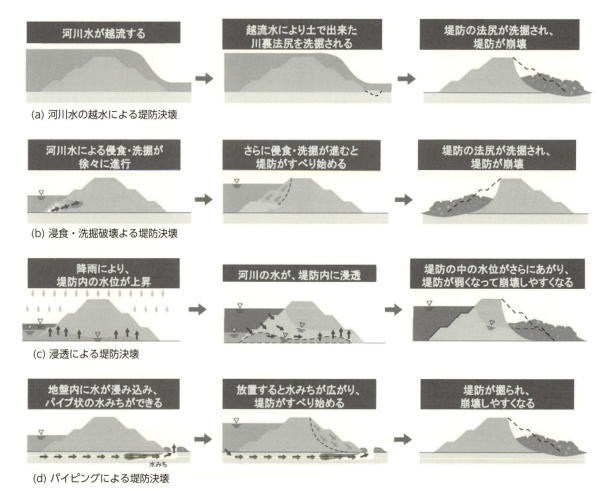

図4.7　堤防決壊のイメージ（中央防災会議「堤防結果の事例（昭和61年8月洪水　利根川水系小貝川，参考資料2より抜粋」）

場合（図 4.7(d)）などがあります。雨量が多くなったら川に近づかないことは言うまでもありませんが、堤防の下のほうから水が浸み出てきているなと思ったら、大急ぎで避難しましょう。堤防が決壊する危険性が高まっていることを意味しています。

ひとたび、外水氾濫が発生したら、水は高い所から低い方へと流れていきます。日本の川は、人が住んでいる地表面よりも川底の方が高い天井川が少なからずあります。図 4.8 は大和川の河床高（川底の標高）を示したものです。図の横軸は、河口からの距離を示しており、1/1300などの数値は河床勾配を表しています（水平方向に 1,300m 移動すれば高さ方向に 1m 変化することを意味していま

す）。図 4.8 を見ると、河口から約17km 離れた柏原堰堤下流側で標高10m、その上流側では約 17m 程度の高さにあることがわかります。図 4.9 を見ると、柏原堰堤は大和川が大阪平野に出てきた地点に位置し、支川である石川との合流地点にあたり、大阪平野の中でもかなり標高が高いことがわかります。柏原堰堤地点に限らず、概して大和川は標高が高いので、大和川の右岸堤防（下流に向かって右側の堤防）が決壊すると河川水は北へと北上してゆくことが容易に想定されます。皆さんのご自宅や勤務地の標高や、自治体が提示しているハザードマップを見て想定されている浸水深の情報を入手するとともに、十分に高い避難場所がどこにあるのかについて検討・

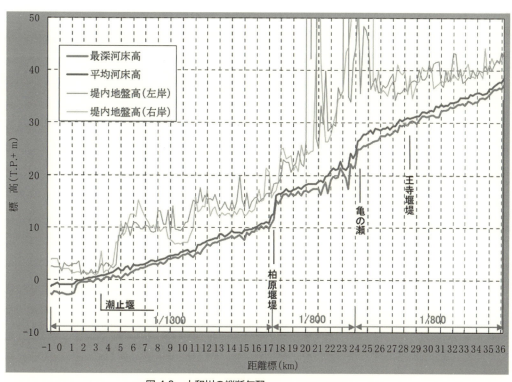

図 4.8 大和川の縦断勾配
（第 2 回大和川流域委員会資料 4 より転載）

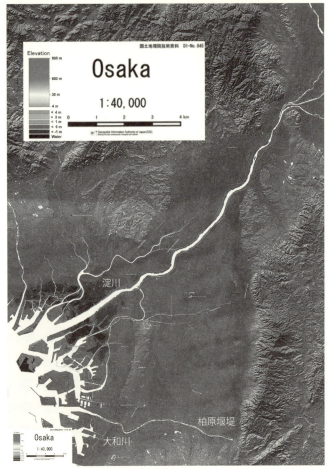

図 4.9　大阪の標高（国土交通省国土地理院デジタル標高地図に加筆）

確認しておきましょう。

(4) 高潮リスク

　気象庁のホームページによれば、台風の年間発生数は、平均 26.2 個、最大で 39 個（1967 年）、最小で 14 個（2010 年）です。7 ～ 10 月には約 69% の台風が発生しています。1 年に最も多くの台風が日本に上陸したのは、2004 年の 10 個です。この年は、6 月に 2 個、7 月に 1 個、8 月に 3 個、9 月に 2 個、10 月に 2 個の台風が上陸しています。台風が上陸するときに注意を払わないといけない情報は、中心気圧と台風の進路です。中心気圧が低いと強い風が広範囲にわたって吹く傾向があります。表 4.4 によれば、上陸時に最も中心気圧が低かった台風は甚大な被害をもたらした第二室戸台風の 925hPa、次いで伊勢湾台風の 929hPa で、940hPa 以下の強い勢力を保ったまま上陸した台風も数多く見られます。ちなみに気象庁のホームページでは、参考記録として、1934 年 9 月 21 日の室戸台風（911.6hPa）、1945 年 9 月 17 日の枕崎台風（916.1hPa）が挙

表 4.3　台風の発生個数（1951 年から 2017 年）

月	1	2	3	4	5	6	7	8	9	10	11	12	年間
最大	2	1	3	3	4	5	8	10	9	7	6	4	39
最小	0	0	0	0	0	0	1	1	2	1	0	0	14
平均	0.4	0.2	0.4	0.7	1.0	1.7	3.9	5.5	5.0	3.8	2.3	1.2	26.2

(気象庁の HP：「台風の統計資料」より作成)

表 4.4　上陸時（直前）の中心気圧が低い台風

上陸年月日	上陸場所 *1	上陸時気圧（hPa）
1961 年 9 月 16 日 *2	高知県室戸岬の西	925
1959 年 9 月 26 日 *3	和歌山県潮岬の西	929
1993 年 9 月 3 日	鹿児島県薩摩半島南部	930
1951 年 10 月 14 日	鹿児島県串木野市付近	935
1991 年 9 月 27 日	長崎県佐世保市の南	940
1971 年 8 月 29 日	鹿児島県大隅半島	940
1965 年 9 月 10 日	高知県安芸市付近	940
1964 年 9 月 24 日	鹿児島県佐多岬付近	940
1955 年 9 月 29 日	鹿児島県薩摩半島	940
1954 年 8 月 18 日	鹿児島県西部	940

*1：当時の市町村名等で示す
*2：第二室戸台風
*3：伊勢湾台風

(気象庁の HP：「台風の統計資料」より一部変更のうえ，転載)

げられています。 近年では、これほど
までに勢力を維持して上陸する台風はほ
とんど観測されていません。今後、この
ような強い勢力を持った台風が上陸して
も不思議ではないということを認識する
とともに、これほどの勢力の台風が上陸
したときにどのような状況に晒される可
能性があるかということを過去の経験か
ら学んでおく必要があるということを肝

に銘じておきたいものです。
　大阪を襲った三大台風として、室戸台
風（1934 年）、ジェーン台風（1950 年）、
第二室戸台風（1961 年）が挙げられま
す。これらはいずれも大阪の西側を通過
しています。北半球では、台風の目を中
心として反時計回りに風が吹きます。一
般的に北上する台風の移動とこの反時計
回りの風が相俟って、台風の右側では風

が強くなります。その結果として台風の右側では海水が風下側へと吹き寄せられることになります。これによって太平洋に面した湾の奥では海水面が高くなります。また、気圧が 1hPa 低下すると、海水面が約 1cm 高くなります。すなわち、気圧が非常に低く猛烈な風を伴う台風が南側に開いた湾（大阪湾、東京湾、伊勢湾などはいずれもこのような湾です）の西側を通過すると、海水面が異常に高くなることになります。これが高潮です。このとき、防潮堤よりも海水面が高くなると海水が陸上に溢れ出すことになります。ジェーン台風、第二室戸台風以後に、各地で防潮堤の整備が進んだこともあって、近年では高潮による深刻な被害事例は少なくなりましたが、決して高潮が完全に防げるようになったわけではありません。満潮の時間と台風の通過する時間が重なれば、高潮災害の危険性は、一層、高まります。図 4.9 に示したように、大阪平野などには海抜 0m 以下の地域も少なからずありますので、ひとたび防潮堤を越えて海水が陸域にあふれ出してきたときには、これらの地域は水没してしまうことになります。防潮堤の耐震化、持続的な維持・管理が大切であることは理解いただけることと思います。

高潮が発生することによって海水面が上昇すると、その影響は河道内にも及びます。水は高い所から低いところへと流れますので、海水面が高くなると、海水が河口から川の中に入ってくることになります。このとき、川の水量が多くなっていれば、河道内の水は一層溢れやすくなり、河口付近では外水氾濫が起こる可能性が高くなることになります。高潮によって外水氾濫が発生しやすくなる可能性があることも覚えておいていただきたいと思います。

近年では、各自治体がホームページなどを介して、ハザードマップを開示していますが、高潮に関するハザード情報の提供が少ないように思います。自治体におかれては、是非、高潮に関する情報提供をお願いしたいと思います。

(5) 津波リスク

海溝型地震に伴って発生する津波の脅威については、東日本大震災後によって周知のことと思います。この経験を時間とともに色褪せさせてしまってはなりません。大きな揺れを感じたり、ゆっくりとした揺れを感じたら、震源がどこであるかを確認し、地震規模がマグニチュード 6 以上（経験的にはマグニチュード 6.3 以上）であれば、急いで水辺から離れるとともに可能な限り高所に避難しましょう。想定される津波浸水域や浸水深の情

報は、各自治体のホームページで確認できます。また、避難に役立つ津波避難ビルなどの位置も、情報が開示されています。

　津波は川も遡ってきます。河口近くにいる場合には、川からもできる限り早く、遠く、避難しましょう。

　場合によっては、津波による浸水が長期間にわたることも想定されます。このような場合に備えて、食料や飲料水だけでなく、避難生活に必要な物資の確保にも努めていただきたいと思います。

| 5 | 共助体験プログラム | 生田英輔 |

災害フェーズに応じた避難行動要支援者の支援

　我が国の高齢化率は今後も上昇し、2025 年には 30％を超えると予想されます。一方、マグニチュード 8 ～ 9 クラスとなる南海トラフ巨大地震の発生も懸念され、我が国は超高齢社会となったタイミングで巨大災害が発生する可能性があり、避難行動要支援者の対策は防災対策の中で重点課題となっています。過去を遡りますと、高齢化社会であった 1980 年代から「災害弱者」という概念が生まれ、その後、「災害時要援護者」、「災害時要配慮者」、「避難行動要支援者」と対象者が拡大・明確化されてきました。同時に対策も充実して来て、発災前、発災中、発災後における行政・地域・福祉・医療等が連携した支援体制が構築されつつあります。しかしながら、避難行動要支援者の支援は多岐に渡り、一部の対策のみに留まっている地域も多いです。そこで、本章では発災前から発災中、そして発災後の対策に関して、災害フェーズ（段階）毎に、どのような課題と対策があるかを解説します。

5-1. はじめに

　避難所期における避難行動要支援者対策である福祉避難所に関しては、2011 年 3 月 11 日に発生した東日本大震災では震災前に福祉避難所の指定をうけていた福祉施設は 505 施設のうち 66 施設（13.1％）でしたが、実際に災害時要援護者の受け入れを行った施設は 287 施設（56.8％）と指定施設を大幅に上回っていました [1]。また、2016 年 4 月の熊本地震においては、震災直後から一般の避難者が高齢者施設に集まり、福祉避難所運営マニュアルと違った対応を求められました。この他にも、大小さまざまな災害が頻発する中で災害時要配慮者・避難行動要支援者の支援において混乱が見

られ、今後の我が国の地域防災における実効的な避難行動要支援者対策を検討するためには、現状の避難行動要支援者の支援体制の課題を整理する必要があります。本章では災害フェーズ（段階）は平常時・避難行動時・避難生活時の 3 つとしました。きょうされん大阪による「障害者と防災に関する自治体アンケート [2]」（以下、自治体アンケート）や各種公開情報等を分析対象としました。自治体アンケートは大阪府下の 43 自治体を対象としています。なお、現時点では災害時要配慮者と避難行動要支援者の支援は重複しているため、本章では一部を除き明確には両者を分けず分析を行っています。表 5.1 に災害フェーズに応じた災害

表 5.1 災害フェーズに応じた災害時要配慮者・避難行動要支援者支援の内容

災害フェーズ	項目	内容
平常時	（ⅰ）支援体制の整備	・支援計画の具体化 ・要配慮者情報の把握・共有 ・個別計画の作成 ・避難所等に関する情報の周知 ・事業者や支援者の協力
避難行動時	（ⅱ）要配慮者への情報収集・伝達	・要配慮者への災害情報等の伝達 ・要援護者の安否情報の把握
	（ⅲ）防災意識の醸成及び防災訓練等の実施	・避難訓練等の実施
避難生活時	（ⅳ）避難所運営	・福祉避難所の指定 ・避難所運営体制
	（ⅴ）生活支援	・避難所での健康維持 ・在宅避難者への支援

時要配慮者・避難行動要支援者の支援内容の一例を示します。

5-2. 平常時における支援

■要配慮者情報の把握・共有

平常時における支援として「要配慮者情報の把握・共有」が挙げられます。これに関して自治体アンケートをもとに避難行動要支援者名簿の作成状況、個別計画の作成状況、名簿未登載の避難行動要支援者の把握について分析を行いました。

関係機関共有方式、手上げ方式、同意方式での避難行動要支援者名簿の作成状況の回答結果を表 5.2 に示します。関係機関共有方式・手上げ方式・同意方式の 3 種類で作成している自治体が最も多く、14 自治体（32.6％）であり、次いで手上げ方式のみが 8 自治体（18.6％）、関係機関共有方式と同意方式を用いているのが 7 自治体（16.3％）、関係機関共有方式のみが 5 自治体（11.6％）、同意方式のみが 3 自治体（7.0％）、関係機関共有方式と手上げ方式を用いているのが 2 自治体（4.7％）、未作成・無回答が 2 自治体（4.7％）でした。

避難行動要支援者名簿の登載者に対す

表 5.2 避難行動要支援者名簿作成状況

作成状況	自治体数（N=43）	比率
関係＋手上げ＋同意	14	32.6％
関係＋同意	7	16.3％
関係＋手上げ	2	4.7％
関係のみ	5	11.6％
手上げ＋同意	2	4.7％
手上げのみ	8	18.6％
同意のみ	3	7.0％
未作成	2	4.7％

表 5.3 個別計画作成状況

作成状況	自治体数（N=43）	比率
関係機関共有方式	1	2.3％
手上げ・同意方式	5	11.7％
未作成	37	86.0％

る個別計画の「関係機関共有方式」及び「手上げ・同意方式」での作成状況の回答結果を表5.3に示します。関係機関共有方式での個別計画を作成しているのは1自治体（2.3%）、手上げ・同意方式での個別計画を作成しているのは5自治体（11.7%）、未作成は37自治体（86.0%）でした。個別計画の作成が済んでいる自治体は比較的規模の小さい市町でした。

■避難所等に関する情報の周知

平常時における支援として次に「避難所等に関する情報の周知」が挙げられます。事前に一時避難所はもちろん、要配慮者の二次避難先としての福祉避難所の存在とその意義を周知しておくことで福祉避難所としての機能が果たせます。そこで大阪府下72市区町村のホームページを閲覧し、周知における支援の取り組み状況を把握しました。大阪市及び堺市は区単位で分析しています。

各市区町村ホームページ及び防災ガイドマップにおいて福祉避難所の所在等が確認できるか調査を行いました。ホームページのみに掲載している市区町村が最も多く31市区町村（43.1%）であり、ついでホームページとガイドマップ両方での掲載が21市区町村（29.2%）、掲載されていない市区町村は15市区町村（20.8%）でした（図5.1）。

また掲載方法を詳細に調査すると、福祉避難所の施設名と所在地が一覧として掲載されている場合がある一方で、「福祉避難所の協定を締結しました」というお知らせのみの掲載がありました。この場合締結ごとに掲載されていることが多く、一覧にまとめられていないため他にも福祉避難所協定締結のお知らせがないか確認が必要である場合や、締結先の法人名のみの掲載で実際にどの福祉施設が福祉避難所となるのかはわからない場合など掲載方法は多岐にわたりました。

ハザードマップでの福祉避難所の掲載の有無について調査した結果、72自治体中26自治体（36.1%）において福祉避難所の掲載がみられ、46自治体（63.9%）では掲載されていませんでし

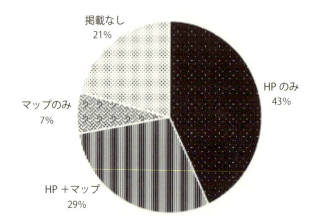

図5.1 福祉避難所周知方法

表5.4 ハザードマップでの福祉避難所掲載の有無

掲載の有無	自治体数 (N=72)	比率
あり	26	36.1%
なし	46	63.9%

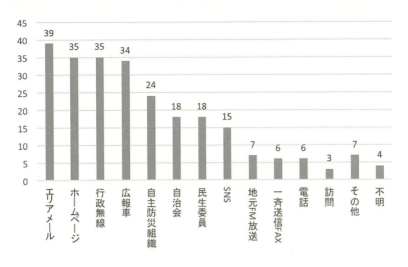

図 5.2 避難情報等の伝達方法（複数回答）

た。また福祉避難所であるが福祉避難所と明記されていないものに関しては掲載なしに分類しました（表 5.4）。

5-3．避難行動時における支援
■避難行動要支援者への災害情報等の伝達

避難行動時における支援として「災害情報等の伝達」が挙げられます。これに関して前項と同様に自治体アンケートをもとに避難情報の伝達方法について分析を行いました。

災害時要配慮者等への避難勧告・避難指示等の伝達方法についての回答結果を図 5.2 に示します。エリアメールを使用しているのは 39 自治体、ホームページは 35 自治体、行政無線も 35 自治体、広報車は 34 自治体、自主防災組織は 24 自治体、自治会では 18 自治体、民生委員は 18 自治体、SNS は 15 自治体、地元 FM 放送では 7 自治体、一斉送信での FAX は 6 自治体、電話は 6 自治体、訪問は 3 自治体、その他 7 自治体、未回答で不明であるのが 4 自治体でした。

表 5.5 避難訓練へ参加している避難行動要支援者（複数回答）

参加者	自治体数（N=43）	全自治体に占める比率
車椅子利用者	13	30.2%
杖歩行者	8	18.6%
知的障がい者	7	16.3%
視覚障がい者	5	11.6%
高齢で歩行困難な方	4	9.3%
聴覚障がい者	4	9.3%
発達障がい者	3	7.0%
ベビーカーなどの子ども連れ	3	7.0%
妊婦	2	4.7%
精神障がい者	1	2.3%
指定難病患者	1	2.3%
独居高齢者	1	2.3%
日本語に不自由な外国人	1	2.3%
把握していない	26	60.5%

表 5.6 福祉避難所指定状況

指定状況	自治体数（N=43）	比率
指定している	38	88.4%
協定のみ	2	4.6%
指定予定	3	7.0%

表 5.7 福祉避難室設置予定

設置予定	自治体数（N=43）	比率
予定している	9	20.9%
予定なし・未定	34	79.1%

■防災意識の醸成及び防災訓練等の実施

避難行動時における支援として次に「防災意識の醸成及び防災訓練等の実施」が挙げられます。避難行動要支援者の防災訓練や避難訓練への参加が迅速な避難行動や地域とのつながりを持つ一助となります。前項と同じく自治体アンケートをもとに避難訓練へ参加している要配慮者について分析を行いました。車椅子利用者の参加が一番多く、13市町村（30.2%）、ついで杖歩行者が8市町村（18.6%）でした。しかし26市町村（60.5%）が避難訓練に参加している避難行動要支援者を把握しておらず、特に障がい者の参加は少ないです（表5.5）。

5-4．避難生活時における支援体制

■福祉避難所の指定

避難生活における支援として「福祉避難所の指定」が挙げられます。これに関して自治体アンケートをもとに福祉避難所の指定状況及び福祉避難室の設置予定、福祉避難所指定箇所数について分析を行いました。

福祉避難所に関しては43市町村中40市町村（93.0%）の自治体が指定済みであるが、福祉避難室に関しては9市区町村（20.9%）でしか設置予定がされていませんでした（表5.6）。また、その一般の避難所等において福祉的な配慮が必要な避難者が使用する、いわゆる福祉避難室の設置を予定している9市町村はすべて福祉避難所の指定も行っている市町村であり、福祉避難所の指定も福祉避難室の設置も予定していないところが3市町村（7.0%）でした（表5.7）。

福祉避難所の指定数の分析を行ったところ、福祉避難所を30か所以上指定し

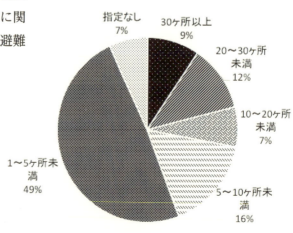

図5.3　指定福祉避難所数

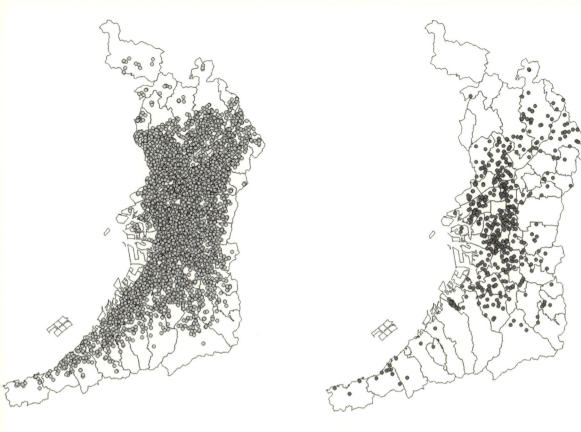

図5.4 大阪府下の福祉施設(左)・福祉避難所の分布(右)

ているのは43市町村中4市町村(9.3%)であり、1〜5か所指定している市町村が最も多く、21市町村(48.8%)でした(図5.3)。また、30か所以上指定している市町村は大阪市、堺市、高槻市、豊中市と人口の多い市町村である傾向がみられました。(図5.3)

■福祉施設と福祉避難所の分布

国勢調査及び大阪府下の市区町村のホームページにより福祉施設と福祉避難所の位置を地図にプロットしました(図5.4)。福祉施設と福祉避難所の分布をみると、福祉施設は可住地域には満遍なく分布しているものの、福祉避難所は人口の多い地域で多い傾向がみられました。福祉避難所の分布の偏りには、「福祉避難所施策の差異」「福祉避難所となりうる福祉施設が少ない」等の理由が考えられます。

■避難所運営

避難生活時における支援として「避難所運営」が挙げられます。これに関して自治体アンケートをもとに福祉避難所運営マニュアルの作成状況について分析を行いました。

福祉避難所のマニュアルに関して作成

表 5.8　福祉避難所マニュアル作成状況

作成状況	自治体（N=43）	比率
作成済み	10	23.3%
作成中	2	4.6%
未作成	31	72.1%

済みであるのは 43 市町村中 10 市町村（23.3%）であり、未作成が 31 市町村（72.1%）と半数以上を占めていました（表 5.8）。

福祉避難所の収容人員基準面積についての回答結果を図 5.5 に示します。基準が決まっている中では、1 人あたり 2～4㎡、2㎡、3.3㎡のところがそれぞれ 5 自治体（11.6%）と最も多く、ついで 1 人あたり 1.65㎡が 3 自治体（7.0%）、1 人あたり 4㎡が 2 自治体（4.7%）であり、床数×0.2㎡、収容場所面積×0.8÷3、1 人あたり 5㎡、6㎡がそれぞれ 1 自治体（2.3%）と収容人員基準にはばらつきが見られました。また、未定としている自治体が 19 自治体（44.2%）であり、具体的な運営方法まで決まっていない自治体が多いことがわかりました。

5-5．避難行動要支援者と地区防災計画

本章の分析により避難行動要支援者支援の取り組みは多様な課題はあるものの一定程度進捗している自治体もあることがわかりました。これらの支援を行政のみで担うのは現実的ではなく、実際には各地域と連携した取り組みが実効的です。従って、地区防災計画においても避難行動要支援者の支援を盛り込んでいく必要があります。内閣府の地区防災計画モデル地区では 2014 年度 15 地区、2015 年度 22 地区、2016 年度 7 地区が避難行動要支援者等の対策を主な取り組みに位置付けていました。

5-6．まとめ

本章では、「平常時」「避難行動時」「避難生活時」の 3 つの災害フェーズに係る要配慮者・避難行動要支援者支援体制

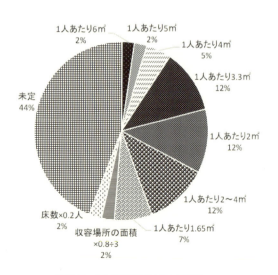

図 5.5　福祉避難所収容人員基準

を、自治体アンケート等をもとに明らかにしました。

　人口規模の大きい自治体において平常時における支援があまり進んでいない傾向にあり、一方で避難行動・避難生活における支援が進む傾向でした。そして人口規模の大きい自治体においては多くの要配慮者がいるからこそ名簿や個別計画の作成を進めることが課題であり、一方で人口規模の小さい自治体においては支援の手が足りない可能性があり、避難生活時の支援が進んでいないため、備蓄や支援者等他の自治体から協力を得ること、連携を図ることが課題となることがわかりました。さらに高齢化率が高い自治体は低い自治体より、どの災害フェーズにおいても支援が進んでいない傾向にありました。高齢化率が高いということは避難行動要支援者に該当する住民の割合も高いと考えられるため、早急な支援体制の整備が必要ですが、そのためには支援者の確保が一番の課題です。そのため大阪府に限らず他府県の自治体と連携を図ることで協力を得て、支援体制を整えることや支援の取り組みが進んでいる事例を参考に進めていくことが課題となります。

　人口の多い地域においては平常時の支援として名簿の作成に加え、個別計画作成を進めることが必要であり、高齢化率の高い地域においては他の地域との連携が必要です。しかし今後より高齢化率が進む中で支援の手が不足することが予想され、現状の支援体制の再構築が必要となることが考えられます。そのため今回明らかになった課題に加え、避難行動要支援者自身の自助による対策も並行して進めることが必要であると考えられます。

参考文献
1）一般社団法人日本医療福祉建築協会：東日本大震災における高齢者施設の被災実態に関する調査研究報告書，2012
2）きょうされん大阪支部：大阪府下市町村障害者と防災に関する自治体アンケート，2017

謝辞
　本章の内容は鍋谷真菜香氏（大阪市立大学生活科学部卒業生）の卒業研究によるところが大きい。記して深甚なる謝意を表します。また、調査にご協力いただいた、社会福祉法人よさみ野福祉会　荒木勝司様、社会福祉法人ライフサポート協会　福留千佳様、きょうされん大阪支部の皆様にも併せて謝意を表します。

| 6 | 共助体験プログラム | 渡辺一志 |

避難行動要支援者の避難に必要な体力

地区防災において、災害時避難行動要支援者対策が進められており、いかに要支援者を避難させるのかということが重要課題となっています。発災後の福祉避難所は9割以上の地域で設置が計画されていますが、要支援者の個別支援プラン策定において、避難行動に配慮することが重要とされているにもかかわらず、要支援者の体力などは殆ど把握されていません。要支援者の体力や避難行動の実態を把握し、自助・共助の支援プラン策定に必要な健康・体力の重要性について解説します。

6-1. はじめに

近年、我が国ではこれまで体験したことがないような災害が多く発生しています。2018年6月18日には、大阪北部地震、同年7月には、西日本豪雨災害が発生し、9月にも台風の上陸、北海道胆振東部地震が発生し甚大な被害がもたらされました。また、先の2011年3月11日に発生した東日本大震災は、わが国における観測史上最大のマグニチュード9.0を記録しました。この地震により場所によっては波高10m以上、最大溯上高40.5mにものぼる大津波が発生し、東北地方と関東地方の太平洋沿岸部に壊滅的な被害をもたらしました。

東日本大震災における死者の9割は水死が死因とされ、そのほとんどが津波に巻き込まれ命を落としました。死者の約60%が60歳以上の高齢者であり[1]、災害時避難行動要支援者（要支援者）の

避難支援について支援者が定められていないなどの具体的な避難行動の支援計画・体制が整っていないことが大きな問題点として挙げられました。一方で、迅速かつ適切な避難行動により助かった被災者も存在しています。強い震動を感じ、あるいは警報を受けた場合、一刻を争って高い所へ駆け上がるという避難行動が、津波の危険から免れる唯一の対応であり、津波が押し寄せるまでにいかに迅速に適切な避難行動ができるかが生死の分かれ目となります。また、2018年の西日本豪雨では、行政からの避難指示や避難勧告が発令されたにもかかわらず避難行動をしなかった人も多くおられました。災害が発生したときにどのようにしていのちを守るのか？　災害時に自分ができる最善の避難行動を把握し、さらに支援可能な人が支援の対象とすべき要支援者をどのように支援するかによって被

害者数を減少させることができます。

このような災害に対応するべく、内閣府（防災担当）により地区防災計画のガイドラインが作成されました[2]。地域では、地区防災計画等において、要支援者対策が進められており、いかに要支援者を避難させるのかということが重要課題となっています。我々が行った全国自治体アンケート調査では[3]、発災後の福祉避難所の設置計画は9割以上で実施されていますが、支援プラン策定において、避難行動に配慮することが重要とされているものの要支援者の体力などは殆ど把握されておりません。要支援者及び支援者の体力や避難行動の実態を把握し、自助・共助のプラン策定に必要な健康・体力の重要性について考えてみましょう。

避難行動において、当初の目的となる場所が避難場所です。避難場所には、公共施設、避難ビル、神社、高台などがあり、日常より自治体により指定されています。これらの避難場所は安全に被災者が一次避難することができ、その役割を果たせています。しかし、要支援者にとってこの避難行動は容易ではありません。実際に被災者が避難した避難場所の実態を明らかにするとともに、要支援者を避難させるために必要とされる体力を把握し、今後の防災計画へ貢献できる知見を蓄積することが必要と考えられます。

6-2. 避難行動に必要とされる体力について

私たちの調査[1]から東日本大震災で救命できた人の73％は、5分以内に避難していたことがわかっています。

このような迅速な避難を実現させる為に、まず、避難行動に必要な体力について考えてみましょう。

体力は、「人間の生存と活動の基礎をなす身体的及び精神的能力で、自己の生活環境に有効に働きかける力」と定義されており、図6.1のように分類されています。

体力は、身体的要素と精神的要素に分

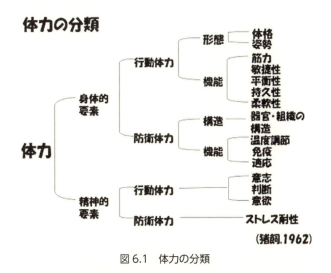

図6.1 体力の分類

けられ、それぞれ行動体力と防衛体力に分類されます。行動体力は、外界に能動的に働きかける力であり、防衛体力は、外界からのストレスに対し内部環境を維持する抵抗力ととらえることができます。身体的要素の行動体力には、身長、体重、筋肉量、肥満度などの形態と筋力、敏捷性、パワー、持久力、柔軟性などの機能から評価することができます。大きな地震の発生に伴う津波の襲来から逃れるためにはビルや高台への避難が必要になります。また、近年、多発している豪雨の発生に伴う避難指示や避難勧告による避難行動を実現し、いのちを守るために必要となるのが行動体力です。

この行動体力の中でも特に必要となる体力要素は、筋力です。特に自助による避難行動の基本は、歩く、走る行動です。そのためには、自分の体重をコントロールして身体を動かす為の特に下肢の筋力が重要です。

6-3. 加齢に伴う筋肉量の変化

加齢に伴う全身の筋肉量の変化を図6.2に下肢の筋肉量の変化を図6.3に示しています[4]。筋肉量の変化は、全身及び下肢において、男性の方が低下の傾き（割合）が大きいこと、また、低下の傾きは加齢に伴って大きくなっております。さらに、全身の筋肉量（図6.2）に比べて下肢の筋肉量（図6.3）の加齢に伴う減少率が大きいことが分かります。

下肢の筋力が低下してくると、歩行における歩幅の減少にその影響が現れます（図6.4）[5]。具体的には、大腿四頭筋と腸腰筋の機能をしっかりと維持することが重要です。

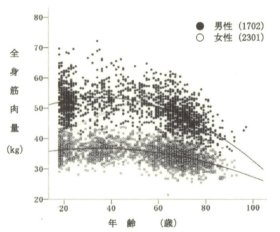

図6.2 加齢に伴う全身の筋肉量の意変化（文献4より作成）
 全身筋肉量（男性）＝
  0.352（年齢）− 0.0050（年齢2）＋ 47.28
 全身筋肉量（女性）＝
  0.154（年齢）− 0.0022（年齢2）＋ 34.07

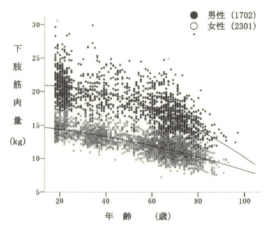

図6.3 加齢に伴う下肢の筋肉量の変化（文献4より作成）
 下肢筋肉量（男性）＝
  0.025（年齢）− 0.0013（年齢2）＋ 20.79
 下肢筋肉量（女性）＝
  − 0.027（年齢）− 0.0004（年齢2）＋ 15.08

6-4. 避難行動を実現する筋力指標

　我々の研究で実施した水平避難（150メートル）及び垂直避難（ビルの3階）の避難行動実験より、体力があれば高齢者も若年者と避難時間に大きな差のないことがわかっています[6]。また、脚の伸展筋力から推定した体重指示指数と避難時間には負の相関関係のあることもわかりました（図6.5）。

　このような避難行動を実現するための下肢筋力の評価指標については、2ステップテストを紹介します[7]。自分の体重をコントロールして下肢の筋機能を評価する方法です（図6.6）。

＜評価基準＞

ロコモ度1：2ステップ値が1.3未満
　　　　　（要注意）

ロコモ度2：2ステップ値が1.1未満
　　　　　（リスクが高い）

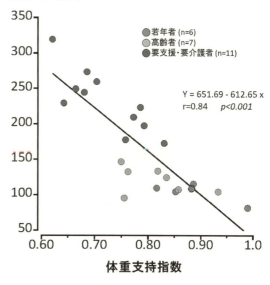

図6.5　避難所要時間と体重指示指数の関係

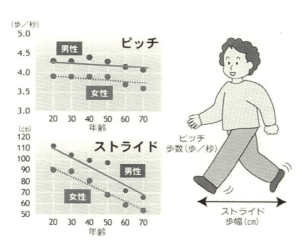

図6.4　加齢に伴うピッチとストライドの変化

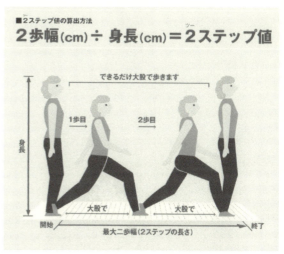

図6.6　2ステップテストによる下肢筋力の評価

6-5. 避難行動実験

　ここでは、災害時の自力避難における体力と避難時間について要支援者（視覚障がい者及び要介護者）及び支援者（学生）を対象として、都市における避難ビルへの避難行動をシミュレーションした水平避難及び垂直避難の結果を紹介します。

　被験者は、認知機能に問題のない要介護・要支援1〜3で自立歩行（杖使用も可）の可能な方8名、視覚障がい者8名、学生10名の26名でした。

　被験者の体力特性として、身長、体重、体脂肪率、筋肉率の4項目、体力として握力、脚伸展筋力、柔軟性：長座体前屈、歩行機能（TUG）、自覚的運動強度（RPE）の5項目を測定しました（表6.1）。

■ 実験概要

　避難経路を想定した実験環境として大学内敷地と校舎階段を使用しました。内閣府WG資料・避難計画指針に基づき歩行困難者等が5分程度で避難できる距離として150mの水平避難及び津波の避難で求められている1F→3Fまでの階段を昇る避難行動の実験を行いました（図6.7）。

■ 実験プロトコル

　避難行動時の心拍数（LED脈波法）を測定しました。また、150m水平避難及び階段を昇る垂直避難所要時間を測定しました。被験者には、補助者1名が付き添い、避難行動を支援しました。また、避難の終了時に主観的運動強度（RPE）を測定しました。

　形態及び体力測定を実施した後、避難行動実験を行いました。被験者は、できるだけ速く歩いて150m水平避難し校舎の3階まで垂直避難を行いました。視覚障がい者については、支援者一人が付き添い白杖を使用した場合と使用しない場合の2回ランダムに実施しました。支援者（学生）による要支援者の避難行動は、車いす及びリヤカーを用いて水平避難し、要支援者を背負って3階まで垂直避難を行いました。

■ 主な測定結果

　身体機能に関しては、柔軟性（長座体前屈）以外の筋力（握力、脚伸展筋力）及び下肢機能（TUG及び2ステップテスト）については、要介護者と視覚障がい者及び支援者と有意な差異が認められました。避難行動に関しては、避難所要時間は、要介護者が平均で約4分を要

表6.1　被験者の体力測定

	要介護		視覚障がい		支援者	
年齢（歳）	83.0 ± 6.0	*§	43.0 ± 9.0	*#	20.0 ± 1.3	#§
身長（cm）	145.1 ± 8.7	*§	162.6 ± 8.2	*	165.6 ± 7.9	§
体重（kg）	48.7 ± 67.3	*	68.0 ± 18.8	*	61.3 ± 7.3	
体脂肪率（%）	30.0 ± 3.1	§	25.2 ± 5.8	#	13.3 ± 8.5	#§
筋肉率（%）	32.7 ± 3.6		32.9 ± 5.3		37.3 ± 4.8	

＊：要介護者と視覚障がい者 p<0.05　　＃：視覚障がい者と支援者 p<0.05　　§：要介護者と支援者 p<0.05

しました。水平避難時間から測定した避難（移動）速度は、要介護者が 0.70 ± 0.20 m/秒、視覚障がい者が 1.04 ± 0.07 m/秒、車いすが 1.98 ± 0.21 m/秒、リヤカーが 1.54 ± 0.14 m/秒でした。また、視覚障がい者の垂直避難において、白杖有と白杖無の所要時間に有意な差異が認められました。身体負担度については、水平避難時及び垂直避難時の心拍数に被験者間に有意な差異は認められませんでしたが、視覚障がい者の垂直避難において白杖の使用による心拍数の低下傾向が認められました。一方、主観的運動強度のRPEは、支援者が車いす及びリヤカーを用いて要支援者を垂直避難させた直後に 16.6 ± 2.6 と有意に高値を示しました。要支援者を乗せた車いす及びリヤカーを用いて水平避難して要支援者を背負って3階まで垂直避難する避難行動では、水平避難速度は、車いすの方がリヤカーに比べて有意に速かったのですが、心拍数及びRPEに有意な差異は認められませんでした。

■検討課題

避難行動要支援者である要介護者は、自立歩行の可能（杖使用可）な高齢者であり、筋力及び下肢機能は低値でしたが、8名中6名が水平及び垂直避難行動の遂

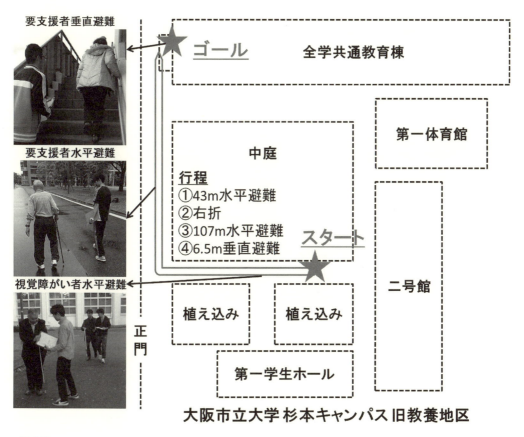

図6.7

行が可能でした。水平避難行動では、概ね毎秒0.7メートル避難できることが示されました。少なくとも現在の筋力や下肢機能を維持することが重要であり、垂直避難の困難な要介護者の避難対策が必要であることが確認されました。また、本研究に参加した視覚障がい者は、年齢が平均43歳であり、筋力及び下肢機能は支援者の学生と有意な差がなく避難行動を実施する体力には支障はありませんでした。支援者による誘導体制の構築が重要と考えられます。視覚障がい者で行った白杖の有無による避難行動に及ぼす影響については、白杖を使用することによって垂直避難時の心拍数低下傾向及び有意な避難所要時間の短縮が認められました。障害物のない避難環境においては、特に垂直避難時おける白杖の有用性が示唆されました。このような障がい者の行動や使用可能な装具など、障がいの種類に対応したきめ細やかな共助プラットホームの構築が求められます。支援者の学生一人が要支援者一人を車いすやリヤカーに乗せて避難する場合の水平避難速度は、車いすがリヤカーより速いことが確認できました。今回の実験では、平坦で障害物などがない状態での避難行動でしたが、要支援者の身体的な状態や災害時の周辺環境の状況に応じて車での避難も含めて車いすやリヤカーなどの水平避難の手段を活用することが必要であると考えられます。

6-6. まとめ

参加された要介護者、視覚障がい者及び支援者（学生）の体力と水平及び垂直避難行動の検討によって、避難行動要支援者の避難に必要な体力や避難速度等のデータが得られ、避難をシミュレーションする場合の基礎となり、地区防災計画の策定に寄与できると考えられます。今後は、障がいの種類及び身体機能のレベルに応じたきめ細やかな、地区で災害時要支援者の支援体制の構築を実現できる共助プラットホームの構築が課題と考えられます。また、実際の災害時、特に地震によって生じる家屋の倒壊や道路、地盤の変化（がれきの発生や地割れ）などをシミュレーションした避難行動の検討なども必要です。

参考文献
1) 渡辺一志, 生田英輔 (2012): 津波からの避難, いのちを守る都市づくり [課題編]. 東日本大震災から見えてきたもの, 大阪市立大学都市防災研究プロジェクト, 大阪公立大学共同出版, 107-116.
2) 内閣府（防災担当）(2014): 地区防災計画ガ

イドライン～地域防災力の向上と地域コミュニティの活性化に向けて～, 1-55.

3) 全国自治体防災アンケート調査委託業務, 集計結果報告書 (2014): (株) ダン計画研究所、1-24.

4) 谷本芳美, 渡辺美鈴, 河野令, 広田千賀, 高崎恭輔, 河野公一 (2009): 日本人の筋肉量の加齢による特徴, 日老医誌, 47:52-57.

5) 福永哲夫 (2009): 貯筋のすすめ, スポーツ科学研究, 6:50-54.

6) 渡辺一志, 生田英輔, 今井聖太 (2014): 高齢者および学生における災害時の自力避難における体力と避難時間, 健康・スポーツ科学 9 号

7) 日本整形外科学会公認ロコモティブシンドローム予防啓発公式サイト (2015),
https://locomo-joa.jp/check/test/two-step.html

| 7 | 共助体験プログラム | 山本啓雅 |

南海トラフ巨大地震被害想定からみた大阪市の災害時医療需給の問題点
～地理情報システム (GIS) を用いた検討～

南海トラフ巨大地震被害に対する、災害医療体制の整備は十分でありません。私たちは物理的被害想定データと、災害医療機関に関する情報を地理情報システム (GIS：Geographic Information System) に展開し、大阪市の災害医療需給の問題点を明らかにする検討を行いました。

7-1. 要旨

南海トラフ巨大地震被害に対する、災害医療体制の整備は十分でありません。私たちはこれまでに、物理的被害想定データと、災害医療機関に関する情報を地理情報システム (GIS：Geographic Information System) に展開し、津波により1階部分が使用不可能となる医療機関や、周囲で救急車の走行が不可能となる医療機関の大阪市内での分布などについて報告しました。本研究では厚生労働省より得た各災害医療機関の稼働データと負傷者・重傷者の分布から大阪市の災害医療需給の問題点を明らかにすることを目的としました。【方法】災害医療機関ごとのベッド数と空床率から医療機関の受け入れキャパシティを算出しました。このデータと津波に対する早期

避難率が低い場合と高い場合の重傷者及び負傷者データを重ね合わせ、医療需給の分布を検討しました。【結果】災害医療機関の空床数は合計 5,559 床であり、早期避難率が低い場合と高い場合の、不足病床数はそれぞれ 47,631／1,487 床でした。早期避難率が低い場合、浸水及び道路閉塞率の高い沿岸部で病床不足が発生するのに対し、避難率が高い場合、空床数自体が減少するのに加え、東部で医療需給の問題が発生することがわかりました。早期の避難が重要であることを、市民の方に十分理解していただくことが重要です。

南海トラフ地震は、フィリピン海プレートとユーラシアプレート（アムールプレート）とのプレート境界である南海

トラフを震源とする地震で、少なくとも約 90 ～ 150 年に一度の間隔で発生していることから、30 年以内に発生する確率は約 70 ～ 80％とされています。この地震に対し、2011 年 8 月に内閣府に設置された「南海トラフの巨大地震モデル検討会」が被害想定の検討を行いました。これを受け、大阪府では南海トラフ巨大地震災害対策等検討部会を、2012 年 11 月に設置し、国の被害想定の検証、府内市町村ごとの詳細な被害想定の検討、被害想定に対する災害対策の方向性の検討を行いました。しかしながら現在の医療体制が、発災時に十分に機能するかに関する検討は十分できていません。

私たちはこれまでに、南海トラフ巨大地震の、物理的被害想定データと、災害医療機関に関する位置データを GIS に展開し、実際に被害が起こった場合の、医療機関の偏在性について検討してきました。

まず、大阪市における災害対応医療機関のしくみをみてみましょう。大阪市では、地震災害の発生に対し、基幹災害医療センターと、災害拠点病院が重症患者を治療し、市町村災害医療センター、災害医療協力病院が中等症を治療する計画となっています。基幹災害医療センターと災害拠点病院は、救命救急センターを持っているような高度の医療を提供できる病院で、市町村災害医療センターは、市民病院のようなその市を代表するような病院であり、災害医療協力病院は、一般の救急病院です。

この災害対応医療機関を地図上にマッピングしたものが図 7.1 になります。

さらに津波浸水深さのデータを重ね、各病院周囲 100 m の浸水高を計算し、救急車両の走行が困難となる 30cm 以上の病院を抽出しました。大阪湾沿岸部の病院を中心に、搬送困難になると考え

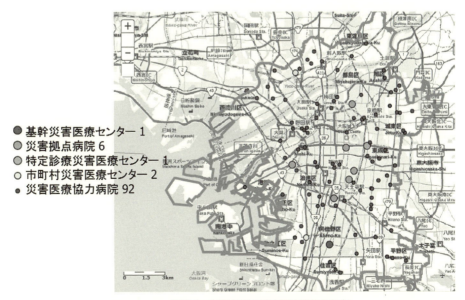

図 7.1　大阪市災害対応医療機関の分布

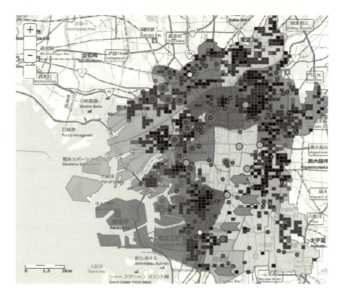

図 7.2 南海トラフ巨大地震時の傷病者数と浸水医療機関、道路閉塞との関係

られる病院が 35 病院あることがわかりました。

次に道路閉塞率が 10% を超える地域を取り出すと、大阪市の周辺部で、道路閉塞がより多く発生することもわかりました。

これに加えて医療需要を見るため、大阪市内の負傷者を先の地図上に展開すると、沿岸部では負傷者数が多いにもかかわらず、医療機関の浸水や道路閉塞も多く、医療機関へのアクセスが悪い状況が起こることがわかります。大阪市北東部も負傷者が多く、道路閉塞率も高く、救急搬送等はやはり市内中心部に集中してくると思われ、このことから矢印で示す中心部の 5 災害拠点病院への負荷が予測されることがわかりました（図 7.2）。

しかしながら、医療体制への負荷は、各病院の病床数や稼働率による受け入れキャパシティや、地震・津波が起こった場合の被災者の行動により、大きく変化します。

そこで、私たちは、厚生労働省より各災害医療機関の稼働データを入手し、大阪市内災害対応医療機関の病床数及び各月の稼働率から、各医療機関の空床数を計算し、どの程度収容能力があるかを地図上に展開しました。また、津波に対する避難行動では、早期避難率が低い場合と高い場合の大阪市 24 区における負傷者数の分布を、GIS に展開しました。

これらを比べることにより、津波に対する避難行動別に見た大阪市の災害医療需給に関する課題や展望を明らかにすることができます。

さらに、先の検討と同じく、津波による最大浸水深さや道路閉塞率のデータも用い、病院周囲の環境が、医療需給にど

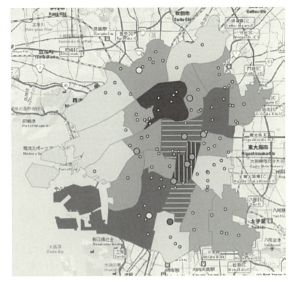

図 7.3 避難率が低い場合の、大阪市内災害対応医療機関の病床過不足

のように影響するかの検討も行いました。

7-2. 結果

まず医療機関の稼働データから、空き病床数を計算したところ、被害想定となっている冬 12 月の災害対応医療機関の全空床数は 5,559 床でした。

次に、避難率が低い時の区別負傷者数をマッピングしたところ、南西部と北東部で 1,000 人を超える区が多数あり、全負傷者数は 53,190 人でした。

これに対して、避難率が高い場合の負傷者数の分布は、沿岸部で少なく、東部がやや多い結果となりましたが、1,000 人を超える区はなく、負傷者合計は 7,046 人でした。

各区において、負傷者数から空床数をひいた、負傷者過不足を区別に計算し、地図にあらわしました。まず、避難率が低い時、沿岸部及び北東部の多くの区で 500 を超える病床不足があり、合計 47,631 床が不足するという結果となりました（図 7.3）。

これに、道路閉塞と浸水高データを重ねると、病床の不足する沿岸部で、浸水する医療機関が多く、さらなる病床不足を招くことがわかります。また北東部でも道路閉塞が多く発生し、医療機関へのアクセスが困難となることがわかりました（図 7.4）。

次に、避難率が高い場合の負傷者過不足を区別に計算すると、中心部から沿岸部にかけてはベッドが充足しており、東部及び南部で一部ベッドの不足する区がありましたが、いずれも 500 以下であり、比較的医療対応が可能なレベルであることがわかりました（図 7.5）。

これに、道路閉塞と浸水高データを重

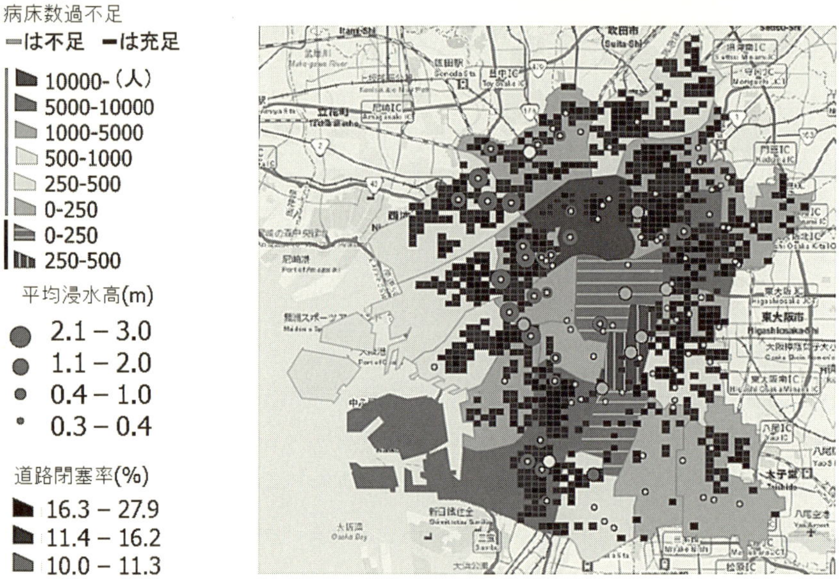

図7.4 図7.3への医療機関浸水及び道路閉塞データの重ね合わせ

ねると、浸水の発生する沿岸部ではベッドが比較的充足しており、ベッドの不足する東部で、道路閉塞が多く発生し、医療機関へのアクセスが悪くなっていることがわかりました（図7.6）。

7-3. 考察

GIS は、地理的位置を手がかりに、位置に関する情報を持ったデータ（空間データ）を総合的に管理・加工し、視覚的に表示し、高度な分析や迅速な判断を可能にする技術です。空間データとは、空間上の特定の地点又は区域の位置を示す情報（位置情報）とそれに関連付けられたさまざまな事象に関する情報をいいます。このさまざまな事象に関連する情報を、その位置情報をキーとして重ね合わせることで、分析などに役立てることができます。

これまでも、災害において GIS は活用されてきました。2008 年から 2009 年ごろには、洪水の予想や、起こった時

図7.5 避難率が高い場合の、大阪市内災害対応医療機関の病床過不足

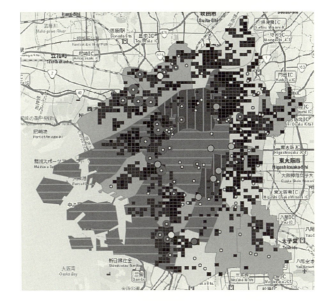

図7.6　図7.5への医療機関浸水及び道路閉塞データの重ね合わせ

の被害を受けやすい住民についての研究が行われ[1]、実際の災害時の物資の供給についての検討などが行われました[2]。2010年にはインフルエンザの流行の分析にGISが用いられ[3]、2012年には、福島原発事故でGISが医療活動に役立ったことが報告されています[4]。このころから災害以前の医療状況についてGISを用いた検討が行われるようになり、小児や外傷といった特別な医療を要する災害が起こった場合の施設へのアクセシビリティなどが検討されています[5,6]。近年では、さまざまな災害想定による災害弱者の地理的検討や、避難所の設置場所に関する分析も行われています[7-9]。国内の災害医療に関しては、2010年に訓練で、災害状況の把握に関するGISの有用性が報告され[10]、最近では被害想定からDMATの必要数を計算した報告などがあげられます[11]。しかしながら、GISを用いて、地域の医療体制の偏りについて詳細に検討した研究はありません。

私たちの研究では、災害対応医療機関の情報、各医療機関の稼働情報、負傷者の情報、津波浸水や道路閉塞の情報を重ね合わせることで、大阪市の医療体制について検討を行いました。これまでの研究では、津波被害による負傷者が最大のケース（避難が遅れる場合）には、沿岸部に多数の傷病者が発生し、かつ大阪市の周辺部で道路閉塞も多く発生することから、大阪市中心部にある5つの災害拠点病院に多数の患者が搬送されると考えられました。

しかしながら、医療体制への負荷は、各病院の病床数や稼働率による受け入れキャパシティや、地震・津波が起こった

場合の被災者の行動により、大きく変化することから、本研究では、各医療機関の空床数をその稼働率から計算し、また津波避難が早い場合と遅い場合で傷病者数を比較しました。

避難率が低い場合は、沿岸地域を中心に津波による傷病者が多数発生し、大阪市全体で47,631床が不足することがわかりました。特に沿岸部では病床数が不足するのに加え、浸水による医療機関の機能停止も想定され、医療需要が供給を大きく上回る事態となると思われます。北東部でも病床不足が発生し、かつこの地域では道路閉塞も多く発生することから、医療機関へのアクセスが悪いことがわかります。

これに対し、避難率が高い場合は、不足病床数が大阪市全体で1,487床にとどまり、かつベッドの不足するのは大阪市の東部及び南部であることがわかりました。かつ東部は道路閉塞も多く発生する地域でもあります。

これまで、南海トラフ地震対策では、沿岸部ばかりに目が行きがちでしたが、避難率が高いと東部に医療需給の問題が生じることがわかりました。

今回検討した被害想定は、府域全体の被害が最大になる場合を想定しました。これらはあくまで想定であり、実災害時の被害とは異なる可能性があります。しかしながらこのような被害が最大となる想定に基づき、医療体制の問題を明らかにし、実災害時に備えて準備をしておくことが重要です。とりわけ今回避難の早い・遅いで医療体制への負荷が大きく異なることが示されたことから、市民が避難の重要性を十分に理解できるよう、教育を行っていくことが重要であることもわかりました。

参考文献

1) Tran P, Shaw R, Chantry G, Norton J: GIS and local knowledge in disaster management: a case study of flood risk mapping in Viet Nam. Disasters 2009, 33(1):152-169.

2) Benini A, Conley C, Dittemore B, Waksman Z: Survivor needs or logistical convenience? Factors shaping decisions to deliver relief to earthquake-affected communities, Pakistan 2005-06. Disasters 2009, 33(1):110-131.

3) McCormick JB, Yan C, Ballou J, Salinas Y, Reininger B, Gay J, Calvillo F, Wilson JG, Lopez L, Fisher-Hoch SP: Response to H1N1 in a U.S.-Mexico border community. Biosecurity and bioterrorism : biodefense strategy, practice, and science 2010, 8(3):233-242.

4) Nagata T, Kimura Y, Ishii M: Use of a geographic information system (GIS) in the medical response to the Fukushima nuclear disaster in Japan. Prehospital and disaster

medicine 2012, 27(2):213-215.

5) Curtis JW, Curtis A, Upperman JS: Using a geographic information system (GIS) to assess pediatric surge potential after an earthquake. Disaster medicine and public health preparedness 2012, 6(2):163-169.

6) Brantley MD, Lu H, Barfield WD, Holt JB, Williams A: Mapping US pediatric hospitals and subspecialty critical care for public health preparedness and disaster response, 2008. Disaster medicine and public health preparedness 2012, 6(2):117-125.

7) Peng SH: Preparation of a flood-risk environmental index: case study of eight townships in Changhua County, Taiwan. Environmental monitoring and assessment 2018, 190(3):174.

8) Horner MW, Ozguven EE, Marcelin JM, Kocatepe A: Special needs hurricane shelters and the ageing population: development of a methodology and a case study application. Disasters 2018, 42(1):169-186.

9) Asare-Kyei D, Renaud FG, Kloos J, Walz Y, Rhyner J: Development and validation of risk profiles of West African rural communities facing multiple natural hazards. PloS one 2017, 12(3):e0171921.

10) 岡本 健, 大出 靖, 李 哲, 井上 貴, 松田 繁, 山田 至, 田中 裕, 野田 五: 災害医療情報を統合した地理情報システムの有用性. 日本集団災害医学会誌 2010, 15(1):34-41.

11) 岡垣 篤, 定光 大: GIS連携アプリケーションの作成による南海トラフ巨大地震の医療機関の被害想定作成およびDMATによる急性期医療対応計画策定. 医療情報学 2015, 35(1):3-17.

8 共助体験プログラム 横山美江、中原洋子

子どもを育てる母親の目線で取り組む
災害への備え

　全国の福祉避難所の対象者別の設置計画策定状況では、要支援高齢者、障がい者を対象とした福祉避難所の計画策定は約9割に達する一方で、妊婦及び乳幼児の計画状況は約4〜5割にとどまり、災害時の母子への支援体制が整備されていないことが明らかになりました。災害時に配慮を必要とする妊婦や乳幼児を育てる母親に必要な平時からの備え、及び発災後の避難所生活の留意点等について概説します。

8-1. はじめに

　わが国は、これまで地震や津波、あるいは風水害など多くの災害を経験しています。これらの災害が発生することを止めることは不可能であり、いかに被害を少なくできるか、平時の"減災"に向けての取り組みが重要です（山崎、2013）。

　しかし、妊婦及び乳幼児を育てる母親は、災害への備えの必要性を感じながらも、実際に取り組んでいる者が少ないことが明らかにされています（西里ら、2011；久保ら、2012；渡邊、2015）。妊婦や乳幼児、またその母親は、災害時、避難行動を取ることが困難であることが多く、避難生活においても心身の変化を伴いやすく特別な配慮を要します。発災直後は、支援物資等もすぐに手元に届くとは限らず、水やミルクの不足等により、乳児は命の危険にさらされる可能性もあ

ります。また、災害時に開設される避難所の多くが、これらの対象者への相談・支援体制を整備できていない現状にあることが示されています（内閣府、2015）。実際に、東日本大震災や熊本地震の発災時、乳幼児を抱えた母親は、一般の避難所での生活が困難で、周囲への気兼ねもあり、公的な避難所以外での避難生活を選択する傾向にありました（松永ら、2017；坂梨ら、2017）。これらから、現状の母子の災害に対する自助、公助の備えは十分とは言えず、今後、大規模な災害が発生した際には、過去と同じ状況の避難生活を余儀なくされることが想定されます。

　そこで、本稿では、妊婦及び乳幼児を育てる母親が日々の生活の中で取り組む、自ら命を守るために必要な備えについて紹介します。加えて、東日本大震災

発災後の調査から明らかとなった発災後の避難所生活の留意点等についても概説します。

8-2. 妊婦や乳幼児を育てる母親の災害に対する備えが進まない背景

　子育て中の母親が防災対策に取り組まない要因として、「もったいない」、あるいは「面倒」という意識があります。その背景に、「自分は被災しない」という気持ちが働いていることや、「日々の生活に追われて、手が回らない」、あるいは「経済的、時間的な負担が大きい」ことが報告されています（ロー、2013）。また、妊婦の場合、妊娠期特有の災害への気がかりを抱きながらも、備えに関する知識不足、低い対応能力、備える煩わしさなどから、十分な備えができていないことも示されています（渡邊、2015）。

　これに対して、東日本大震災を経験した被災者の多くが災害をきっかけに防災対策を行うようになったと報告されています（内閣府、2013）。東日本大震災を経験した乳幼児を育てる母親は、9割が災害に対して備えを実践しており、これらの母親は、備えるべきという認識を持っていたということが明らかにされています（松澤ら、2014）。以上のことから、妊婦や乳幼児を育てる母親の災害への備

えを進めるためには、災害はいつか必ず起こるということを認識し、備える意識を高めることが重要です。そして、妊娠中や乳幼児を抱えて被災する場面を具体的に想定し、普段の生活の延長線上に「備え」を行うことで、できるだけ負担なく取り組めるような啓発が必要です。そのため、保健分野の専門家は、妊娠中から始まる母子保健活動のあらゆる機会（妊娠届出時の面接、両親教室、乳幼児健診等）に啓発を行い、母親自身が考え、実際に行動できるように促すことが大切です。

8-3. 妊婦や乳幼児を育てる母親に必要な平時からの備え

　著者らが実施した東日本大震災後の保健師へのインタビュー調査（平野ら、2013）から、発災後の妊婦や乳幼児を抱える母親の課題が明らかとなりました。具体的には、多くの母子は、避難所では居場所がなく、親戚などを頼って早い時期に避難所から出ていく状況がありました。このため、避難所における母子への対応として、学校が避難所の場合、いくつかの教室を母子専用の部屋や授乳部屋として確保するなどの環境を整備する必要があります。

　また、物資については、ミルク、オム

79

写真8.1　使い捨て哺乳瓶と粉ミルクの例（1日分）

ツ、哺乳瓶の他、ミルク用のお湯の確保、母親の食糧確保の問題が指摘されています。市役所や保健センターでは、物資の備蓄には限界があり、行政での物資の提供には限りがあります。そのため、平常時から、自分で自分の身を守るために物資や情報を確保することが重要です。特に、乳幼児をもつ母親の場合は発災後最低3日間自力で対応できるような備えが必要であり、母親への平時における災害の備えの啓発が大切です。

■3日間生き延びるための母子の避難袋の備え

　乳幼児の命を守るため、各家庭で備える必要のある最低3日分の必要な物資について以下に示します。そして、これらをリュックなど防災用カバンに詰め、発災時、すぐに持ち出せるようにしておきます。

① 授乳用品

　母乳栄養であっても、突然のショックで母乳が出なくなることもあり、ミルクも準備しておいた方がよいと考えられます。粉ミルクは少量ずつのスティックタイプやキューブの方が計量スプーンが不要なため、便利です。軟水のペットボトル入りの水（硬水は、乳児の腎臓への負担や消化不良などを生じる可能性があるため避ける）は、2～3か月児で、最

写真8.2　ベビーフード（アレルギー対応）の例

写真8.3　おもちゃの例

写真 8.4　着替え、おくるみの例

低 1 回 160ml × 6 回 × 3 日分が必要です（写真 8.1）。

② ベビーフード

支援物資は成人用が基本であり、離乳食用のベビーフードがすぐに届くとは限りません。スプーンやストロー、紙コップなども一緒に準備します。食物アレルギー対応食は特に入手が困難なことが多いため、必須です（写真 8.2）。

③ 紙おむつとおしりふき

オムツは 1 日 7 回として 3 日分 21 個で、圧縮パック等に詰めておくとコンパクトになります。水が使えないので、おしりふきを用意します。おしりふきは、入浴できない時に体を拭く時にも使用できます。

④ おもちゃ

周囲の人にも配慮して、布の絵本やあまり音が出ないものがよいでしょう。ボールは転がるので不向きです（写真 8.3）。

⑤ 着替え、おくるみ、タオル、保温シートなど

乳児はミルクを吐いたりするので衣類は汚れやすく、皮膚を清潔に保ち、湿疹や感染を防ぐために、着替えが必要です（写真 8.4）。保温には、防寒断熱のアルミシートなどが役立ちます。

⑥ 母子健康手帳

母子健康手帳には、妊娠中から出産、その後の発育・発達や予防接種の記録等、大切な情報が記録されています（写真 8.5）。発災時に、保護者と離れてしまっ

写真 8.5　母子健康手帳

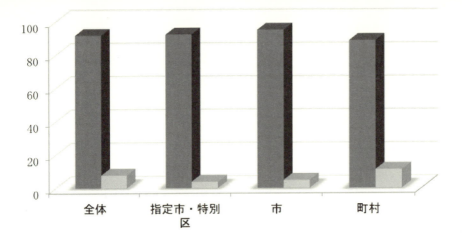

図 8.1 福祉避難所設置計画策定状況

たり、役所の乳幼児健康診査や予防接種などの情報が紛失してしまったりすることもあるため、持ち出せるようにしておきます。東日本大震災発災後は、役所におけるこれらの情報が紛失したため、母子健康手帳の情報が大変役に立ちました。

⑦ 名札

万一の迷子に備えて、名札をつけます。

⑧ 抱っこひもやおんぶひも

首がすわっていない児の場合、抱っこひもやスリングを使用し、スカーフなどで児をしっかり固定して両手を使える状態にしておくことが重要です。首がすわっている児の場合は、おんぶひもを用いて避難します。

⑨ 使い捨てカイロ

水で作ったミルクを温める時や防寒用に使用します。

8-4. 避難所の備え

本学で実施した全国自治体防災調査の結果（2017）では、福祉避難所の設置計画策定は全自治体で、91.8％が「あり」と回答していました（図8.1）。2015年に報告された内閣府の調査では、福祉避難所を指定している自治体は、45％にとどまっていたことから、全国の自治体の福祉避難所設置計画の策定は2015年に比べかなり進捗していると言えます。

しかし、福祉避難所設置計画の対象者については、要支援高齢者が92.2％、障がい者が87.2％、障がい児が79.1％でしたが、妊婦は45.4％、乳幼児を抱える母子は41.8％（図8.2）であり、妊婦、及び乳幼児を抱える母子への支援体制が十分整っていないことが示されています。

8-5. 避難所生活での留意点

妊婦や乳幼児は避難することにより、

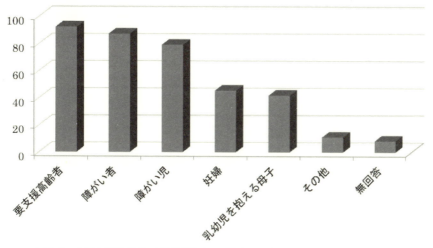

図 8.2　全国の対象者別　福祉避難所の設置計画策定状況（全体）

日々の生活が大きく変化し、体調を崩しやすいと考えられます。そのため、妊婦や乳幼児に対しては、保温や栄養、休息などに配慮した支援が必要です。しかし、妊娠初期の妊婦は、周囲に気づかれることがなく、自分からも言い出しにくい状況があります。同様に、乳幼児を抱える母親も、周囲への気兼ねから特別な配慮や支援を受けられないことが多くあります。母子の健康を維持するためには、被災者の健康管理を担当する保健師などは、妊婦や乳幼児とその母親の状況を把握し、避難所生活によって生じる心身の変化に対する支援が必要です。

■避難所での妊産婦、乳幼児の生活の変化と支援について
（1）妊産婦への支援
①食事面
　避難所では、提供される食事が弁当やインスタント食品が中心となり、塩分の摂取量が増加し、むくみが生じやすくなります。特に、妊婦に対しては、妊娠高血圧症候群の発症予防のため、塩分の濃いものは残すよう伝えます。また、おにぎりやパンなど炭水化物が中心でたんぱく質やビタミン・ミネラル、食物繊維などが不足しがちになります。授乳中の母親は、自身が十分に食べられないことで、母乳が不足することを不安に感じることがありますが、数週間であればそれまでと変わらない栄養分を含んだ母乳が分泌されるため、心配はいらないことを伝え、不安を軽減する必要があります。可能な限り主食・主菜・副菜をそろえた食事を確保し、バランスの良い食事をとることができるよう、授乳中の母親には優先して水と食糧を供給する必要があります。栄養補助食品で補うのも1つの方法です。

②授乳について
　母乳栄養の場合、ストレスなどで一

時的に母乳分泌が減少することもあります。その場合も、不足分を粉ミルクで補いつつ、普段より頻繁に乳房を吸わせ続ければ、母乳分泌が回復する可能性が高くなります。子どもが母乳を十分に飲めているかどうかの目安（1日に5〜6回の尿、生後1か月くらいまでは1日3回以上の便など）を母親に伝え、不安感から粉ミルクを不必要に足さなくてもよいということを助言します。安全な水やお湯が調達できない災害時こそ、不衛生な環境に陥る心配のない母乳栄養が推奨されています。母乳栄養を継続することで、母乳に含まれている免疫物質によって、災害時に蔓延しがちな感染症から乳児の身を守ることができます。母親が母乳を与え続けられるよう、安心して授乳できるプライベートな空間を確保できるよう配慮しましょう。

粉ミルクの場合、安全な調乳を心がけ、慎重に扱う必要があります。不潔な操作での調乳は、細菌性腸炎を引き起こし、健康や命を脅かす危険があるた

め、注意しなければなりません。清潔な水と洗剤で洗った容器、できれば熱湯消毒した容器で調乳します。特に、人工乳首を清潔に保つのは難しいため、消毒できないような状況下では、使い捨ての紙コップを使う方が望ましいでしょう（表8.1）。

③エコノミー症候群の予防

エコノミークラス症候群とは、文字通り飛行機のエコノミークラスなどの狭い座席に長時間座り続けることで下肢の深部静脈（筋膜よりも深い場所にある静脈）に血栓が発生し、それが原因でさまざまな疾患が生じることです（榛澤、2017；植田、2012）。エコノミークラス症候群は俗名で、正しくは静脈血栓塞栓症といいます。静脈血栓塞栓症は、重篤な場合では致死的肺塞栓症により突然死することもあります。肺塞栓症に特有な症状はなく、呼吸困難、胸痛、胸部不快感、背部痛、血痰、咳、意識障害などが生じます。

静脈がケガなどで傷ついたり、脱水状態になって血液が濃くなったり、さらに

表8.1　コップでの授乳方法

1）　乳児が完全に目が覚めている状態で母親のひざに乗せる。
2）　乳児をやや縦抱きになるような姿勢をとらせる。
3）　コップを乳児の唇にふれさせ、コップの中のミルクが乳児の唇にふれるくらいにコップを傾ける。 　（コップと唇の位置は、コップを下唇に軽く触れるようにし、コップの縁が上唇の外側にふれるような関係となる）
4）　コップを乳児の唇につけ、口の中にミルクを注ぐのではなく、自分自身で飲むように保持する。
乳児は満ち足りると口を閉じ、それ以上飲もうとしなくなる。どのくらい摂取しているかは、1回ごとにみるのではなく、24時間以上の期間で見るようにする。

長時間じっとしていることで静脈の流れが悪くなるなどが重なると、静脈内で血栓ができます。静脈内で最初にできた血栓は小さいのですが、足の静脈の流れが悪いと血栓がどんどん大きくなります。大きくなった血栓は遅いながらも血流に乗って伸びていき、骨盤内の静脈まで達します。血液の流れに沿って大きくなると、静脈を閉塞することがないので全く症状がありません。そして、急に動いた瞬間に、膝関節付近で血栓がちぎれて塊となって心臓に流れていき、肺動脈を閉塞します。これがエコノミークラス症候群による肺塞栓症の正体です。

災害後のエコノミークラス症候群発症には、2つのピークがあります（榛澤、2017）。1つは、車中泊によるもので震災・災害後1〜5日の早朝にあり、重篤な肺塞栓症を発症しやすくなります。もう1つは、震災・災害後2週間程度にピークがあり、避難所生活が原因と考えられます。妊婦や褥婦は、生理的に一般の人に比べて血栓ができやすい状況にあります。そのため、「エコノミー症候群」になる危険も高くなります。特に、エコノミークラス症候群に対しては、足のケガに気をつける、脱水に気をつける、よく動くことが予防につながります。水分補給については、1日2.5〜3ℓが必要であると言われています。しかし、トイレなどの衛生状態が悪く、避難所が暖かく快適でなければ、被災者は水分を十分とらなくなります。そのため、妊婦や褥婦は特に水分を適度に取り、屈伸運動・散歩など身体を時々動かすことが大切です。さらに、トイレを清潔にすることも大切です。

また、大規模災害の発生後、段ボール製簡易ベッドを導入した避難所ではエコノミークラス症候群の陽性率が低かったことが報告されています（榛澤、2013）。2016年4月に発行された内閣府の避難

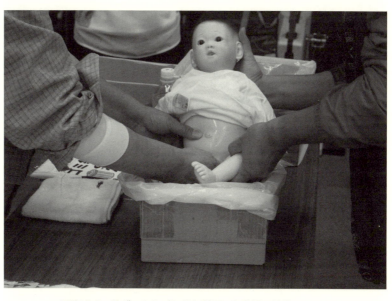

写真 8.6　段ボールとゴミ袋を利用した乳児の沐浴

所運営ガイドラインに、段ボール製簡易ベッドの導入について掲載されていますので、ご参照下さい。

（2）乳幼児への支援

① 体温維持

乳児の体温は外気温に影響されやすいため、体温調節に配慮が必要です。保温には、新聞、布団等で身体を包んだり、抱いて暖めます。暑い時は、脱水症にならないように水分補給をすることが大切です。

② 清潔

入浴にこだわらず、体はタオルやウェットティッシュで拭きます。特に、陰部は不潔になりやすいので、部分的に洗ったり、拭くようにします（皮膚の弱い乳児は、体をウェットティッシュで拭く場合、アルコール成分でかぶれることがあるので注意します）。

発災時は、おむつをこまめに交換できなかったり、沐浴できなかったりするために、乳児のお尻を清潔に保ちにくく、おむつかぶれを起こしやすくなります。短時間、おむつを外してお尻を乾燥させたり、お尻だけをお湯で洗うようにします（おむつの入手が困難な場合、タオルなどを使って使い捨てるなどの工夫をする）。乳児のお尻だけ洗う方法として、写真8.6に示すように、段ボール等にビ

ニール袋（ゴミ袋）をかぶせ、その中にお湯を入れて洗うことができます（横山、2018）。

また、避難生活によって歯磨きがおろそかになったことで、災害後、子どもの虫歯保有率が増加傾向になった地域があります。災害後、早期から歯科保健の普及啓発、歯ブラシ、歯磨き粉の配布等を行います。

■ 妊婦、乳幼児、母親の環境面での配慮

妊婦や乳幼児をかかえる母親のための避難所生活に向けた支援のポイントについて以下に述べます。

（1）避難所での妊産婦、乳幼児の所在場所の把握

避難所の区画を設定し、どの区画にどの住民（母子）がいるのかをマッピングすることは、母子の健康状態の把握や支援に有効です。マッピングすることで、乳幼児健康診査、予防接種、医療情報など必要な情報を適切に届けることができます。

（2）母子のための専用スペースの確保

乳幼児をかかえる母親は、子どもが泣き止まないため、気疲れや人間関係のストレスを感じたり、周囲に気を遣う場合が多く見受けられます。そのため、一人で抱え込まず、感じていることを話し

合えるよう調整します。小中学校が避難所となった場合には、家庭科室、保健室、音楽室などに、授乳や子どもの夜泣きに対応できる母子専用の避難スペースを設けるようにしましょう。そうすることで、母親の精神面、衛生面での負担の軽減につながります。体育館や倉庫が避難所となった場合は、母子のための専用スペースについて、特に配慮が必要です。

（3）子どもの遊び場の確保

避難所生活の長期化が予想される場合は、安心して遊べる場の確保が必要です。また、遊びのボランティアの協力が得られると、母親の負担を軽減することもできます。また、寝たきりの高齢者なども一緒に生活する体育館などの避難所では、日中子どもたちの喧騒から逃れられる有効な手段となります。

遊び場の設置、遊びのボランティアの要請は、発災後1週間位までは、子どもも家族もショック状態にあり、有効でないこともあります。そのため、10日前後で実施するのが望ましいでしょう。

（4）感染症対策

避難所での集団生活の場では、ノロウイルスやインフルエンザ等の感染症が蔓延することが多くあります。特に、免疫力の低い妊産婦や乳幼児などが罹患しやすく、かつ重症化しやすいため、感染症予防のための対策を徹底し、未然に防ぐことが大切です。うがいや手洗いの徹底と窓の開閉によるこまめな換気が必要です。マスクの着用も有効です。断水などにより水が十分に使用できない場合は、ウェットティッシュなどで代用します。また、オムツの交換を行った際は手洗いを励行し、オムツは専用の場所に廃棄します。

8-4. おわりに

過去の災害発生時には、必死の思いで避難してきた妊婦や乳幼児を育てる母親が、居場所を見つけられずに、早々に避難所を出て行くことを選択せざるを得ない状況がありました。時には、遠い土地に離れていくことを余儀なくされた母子も東日本大震災の発災後は見受けられました。これらのことを再び繰り返すことなく、災害に遭遇することによるダメージをできるだけ最小限にし、その後の生活を支えることで、親子の健やかな成長を保障することが大切です。また、平時から、母親が自分自身と子どもの命を守るための備えをしておくことも重要です。本稿が、これらの対象者への支援をするためにお役立ていただければ幸いです。

参考文献

・母乳育児団体連絡協議会（2011）：災害時の乳幼児栄養に関する指針 改訂版

・平野かよ子（2013）：東日本大震災時の地域母子保健活動の課題に関する調査研究 平成24年度研究年度終了報告書.

・厚生労働省（2016）：避難所等で生活している妊産婦、乳幼児の支援のポイント.

・松永妃都美、新地浩一（2017）：大規模な災害を乳幼児と経験するということ – 母親達のストレス要因となる被災経験とは – . 日本災害看護学会誌、18（3）3-12.

・松澤明美、白木裕子、津田茂子（2014）：乳幼児を育てる家庭における災害への「備え」－東日本大震災を経験した通園児の母親への調査より－. 日本小児看護学会誌23（1）15-21.

・内閣府（2013）：防災に関する世論調査

・内閣府（2015）：避難所の運営等に関する実態調査（市区町村アンケート調査）調査報告書

・日本子ども家庭総合研究所（2014）：乳幼児と保護者、妊産婦のための防災ハンドブック

・西里真澄，川村真由美，鈴木智佳子，長﨑由紀,中村靖子,吉田真弓,蛎崎奈津子（2011）：妊婦および育児中の母親の防災に関する意識と災害への備えの実態. 岩手看護学会誌, 15（1）3-13.

・ロー紀子（2013）：災害から次世代を守るための連携構築を妨げる要因とその対策について. 平成25年度厚生労働省科学研究費補助金（健康安全・危機管理対策総合研究事業）研究報告書116-118.

・坂梨京子，松村美佐子（2017）：熊本地震後の母子訪問聞き取り調査から判明した被災後の母子および妊婦の避難行動と問題点〜災害

時の有効な母子支援を行うために〜. 助産師,71（2）, 15-18.

・東京都（2014）：妊産婦・乳幼児を守る災害対策ガイドライン

・上林美保子、岸恵美子、佐藤眞理、阿部亜希子、黒田裕子、佐藤睦子、中板育美、福島富士子、横山美江、平野かよ子（2014）：岩手県における東日本大震災時の母子保健活動の実態と課題. 岩手県立大学看護学部紀要16, 19-28

・渡邊聡子（2015）：妊婦における災害への備えの認識と行動. 日本災害看護学会誌17(2)22-33.

・山﨑達枝（2013）：災害看護の意義と東日本大震災. 月刊「教育と医学」3月号, 36-45, 慶応義塾大学出版社, 東京.

・横山美江（2018）：避難所でできるセルフケアを知る. コミュニティ防災の基本と実践. 大阪市立大学都市防災教育研究センターワークブック, 第4章第3話, 203-207.

・榛澤和彦（2017）：避難生活におけるエコノミークラス症候群の脅威. 地域保健, 6-41.

・植田信策（2012）：東日本大震災被災地でのエコノミークラス症候群. 静脈学,23(4)327-333.

・榛澤和彦（2013）：エコノミークラス症候群を予防しよう 〜災害避難所での雑魚寝の危険と簡易ベッド〜. 埼臨技会, 60(2)109.

9 共助体験プログラム 由田克士

市町村レベルにおける災害時のための食料・飲料水の備蓄と関連する取り組みの状況

　　災害時に備え、常に適量の食料や飲料水を備蓄しておくことは、命を守るために極めて重要なことです。しかし、公助として身近な市町村がどの程度の内容を備蓄しているのか、また、関連する施策や体制をどのように構築しているのかは、未だ不明な点も多いと考えられます。著者らは国内すべての市町村を対象にこれらの点についても調査を実施しました。ここでは、一連の結果をお示しするとともに、これらに関連する先行研究の知見を踏まえ、今後の望ましいあり方や対応について考察してみたいと思います。

9-1. 食料や飲料水の備蓄の必要性と役割分担

　近年、わが国においては、規模の大きな自然災害が頻繁に発生しています。全国の各市町村においては、国や都道府県の防災計画等を視野に入れながら独自の防災計画を策定しているところです。災害時における食料や飲料水の確保と供給は、単に住民の空腹や口渇を充たすだけではなく、健康状態の維持、免疫力（抵抗力）の確保、疾病の予防を目指す上でも極めて重要な課題となります。特に阪神・淡路大震災以降については、発災直後の初動時だけではなく、避難所における食のあり方についての調査・研究も徐々に進んでいます。このようなことから、以前に比べ災害時を想定した食料や飲料水の備蓄についての関心も高まって

います。

　将来の発生が予測されている南海トラフ地震に対し、国は各家庭において7日分の食料と飲料水の備蓄を推奨しています。しかし、これらをすべて住民自らの自助で賄うことは、多くの場合困難であると考えられます。現実的な対応としては、市町村の状況に応じ、住民自身の「自助」、地域や職域での「共助」、そして市町村が対応する「公助」の3者間で適切に役割を分担しながら、備蓄することが望ましいと考えられます。しかし、全国の市町村において、食料や飲料水をどの程度備蓄しているのか、その現状は必ずしも明らかにはなっていません。特に人口規模や組織体制などの違いによって異なる状況が認められるのか否かは、これからの自助や共助のあり方を検討する際

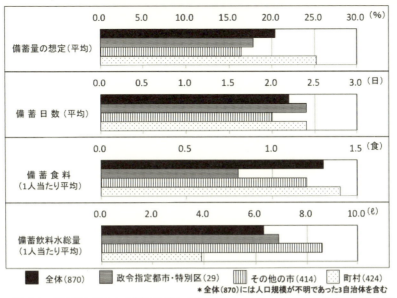

図 9.1 災害時に備えた食料や飲料水の備蓄状況（全体・人口規模（回答自治体数））

にも大切な問題となることが考えられます。

9-2. 市町村における 食料や飲料水の備蓄の現状

現在、全国の市町村が備蓄している食料や飲料水は、人口の割合からみると全体の平均で 20.4％ となっています。つまり、5 人に 1 人分を想定していることになります。ただし、自治体の人口規模によって違いが認められ、町村では 25.2％ でしたが、政令指定都市・特別区は 17.8％、その他の市では 16.4％ と 7 ポイント以上の差が認められました。備蓄日数については 2.0 ～ 2.4 日である自治体が多く、全体の平均は 2.2 日となっていました。また、1 日分当たりの食数は、全体平均では 1.3 食となっていましたが、政令指定都市や特別区では 0.8 食と 4 割程度も少ない状況が明らかとなりました。単純に備蓄想定人口の割合、備蓄日数、1 人当たりの備蓄食数の積を取ると、政令指定都市・特別区 34.2、その他の市 39.4、町村 84.7 となり、これを見る限りは、自治体の人口規模が大きくなるほど、総人口 1 人 1 日当たりの備蓄状況は減少していることが明らかとなりました。

一方、飲料水の備蓄量は 1 人当たりで、全体では 6.3ℓ でしたが、政令指定都市・特別区 6.9ℓ、その他の市 8.6ℓ、町村 3.6ℓ と差が認められました。ただし、伏流水が豊富な地域では、わき水や井戸水の利用が可能であるため、ペットボトル等の容器に入った長期保存可能な飲料水を必ずしも多量には備蓄していない可能性も考えられます。

一般に人口規模が小さい自治体となる

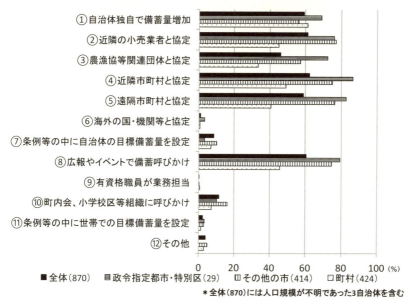

図 9.2 災害時に備えた食料や飲料水確保のための取り組み状況
　　　（全体・人口規模（回答自治体数））

ほど、自然が豊かで、農耕地の割合が多く、しかも、家屋や敷地面積も広くなる傾向があります。このため、都市部に比べれば、災害時に自立した対応を取り易いとも考えられます。しかし、災害の種類や規模、地理的な条件、道路の寸断、建造物の倒壊、浸水や崖崩れ、火災の発生など、さまざまな要因によって、被害の状況が大きく変化することから、地域の状況に応じた最善の対応を立案・実行しておくことが求められます。一方、人口規模が大きい自治体においては、備蓄量を引き上げるための更なる防災倉庫等の確保や拡充が困難である場合も考えられるため、既存の公的施設への分散備蓄や自主防災組織、関連機関等との役割分担に関する環境整備が求められます。

9-3. 災害時に備えた望ましい食料や飲料水の備蓄や確保を推進するための取り組み

a. ①自治体独自で備蓄量増加を目指す動き

　独自で食料や飲料水の備蓄量を増加させていると回答した自治体は、およそ6割に認められました。中でも政令指定都市・特別区では69%と高く、その他の市に比べ13ポイント程度高値を示していました。

b. ②③近隣の小売り業者や農漁協等関連団体との協定

　食料や飲料水の備蓄や確保のため、近隣の小売り業者と協定を締結している自治体は、政令指定都市・特別区とその他の市では76%程度に認められました。しかし、町村では45%に留まっていま

した。一方、農漁協等と協定を締結している自治体は、政令指定市・特別区で72.4%、その他の市では57.2%に認められました。また、町村では33.5%と、人口規模が小さい自治体になるほどその割合は小さくなっていました。

c. ④⑤⑥自治体間及び海外の国・機関等との協定締結状況

　近郊の市町村や遠隔の市町村と食料や飲料水の備蓄や確保に関する協定を締結している自治体は、全体平均でおよそ60%に認められました。しかし、この割合は自治体の人口規模によりかなり異なり、政令指定都市・特別区では85%程度、その他の市では75%程度、町村においては40～50%程度となっていました。

　また、海外の国・機関等と協定を締結しているとした自治体は、全体の7か所に認められました。これらは、地勢的に海に面していること、自治体内に海外の機関が設置されていることなどがその締結要因になっているものと考えられます。

d. ⑦条令等の中に自治体における目標備蓄を設定している自治体

　自治体独自の条令等の中に目標備蓄を設定している自治体は、全体の10%を下回っていました。条令等に目標となる備蓄量を設定した場合、当該の自治体としては、継続的に予算措置を行わなければならない可能性が生じます。また、従前の備蓄量を改めようとする場合には、その都度議会の承認も必要となることから、あるいはこの種の対応を敬遠しているのかもしれません。

e. ⑧広報やイベントによる備蓄の呼びかけ

　独自の行事（防災訓練など）や広報活動（広報誌、ポスター、ホームページなど）の中で備蓄や確保これらの備蓄や確保を呼びかけている自治体は、政令指定都市・特別区とその他の市では概ね4分の3自治体に認められましたが、町村においては半数を下回る程度に留まっていました。

f. ⑨有資格職員（行政栄養士）による業務担当

　住民に対して、災害時に備えた食料や飲料水の備蓄や確保の推進業務を行政栄養士に担わせていた自治体は、わずか3つの自治体0.3%に留まっていました。

　厚生労働省のとりまとめによりますと、平成30年現在において全国で勤務している行政栄養士は、都道府県・保健

所設置市・特別区 2,463 名、市町村 4,146 名となっています。しかし、人口規模の小さい自治体では、行政栄養士を置いていない場合もあるのですが、それにしても、あまりに低値であるといわざるを得ません。

今回の調査では把握していませんが、多くの自治体では、大規模な自然災害の前後より立ちあげられる災害対策本部のメンバーに行政栄養士が位置付けられていません。住民に対する食料や飲料水の安定的な供給は、発災直後から対応する必要があります。地域での備蓄状況に基づく避難所等への配分、外部からの受援体制の確立と具体的に必要とする食料のとりまとめなど、極めて専門的な知識や判断が求められます。比較的最近に発生した自然災害時においても、避難所における食事内容の偏り、乳児や高齢者などの要支援者に対する特別な形態の食品の不足などがその都度問題となっている事を考慮すれば、全国の自治体おいて、適材適所の対応が求められます。

g. ⑩町内会、小学校区等の組織に呼びかけ

町内会、小学校区等の組織に呼びかけて食料や飲料水の備蓄や確保を推進しようとしている自治体は、人口規模によっ

て多少異なりましたが、全体では 12% 弱に留まっていました。この種の呼びかけは、行政として「共助」による対応も推進しようとする動きに他なりません。一般に人口規模が大きい自治体ほど共助の枠組みが整い難いと思われますが、今回の結果では町村で最もその割合は低くなっていました。

何れにしても、自治体が共助による食料や飲料水の備蓄や確保を後押しする体制の整備が早急に求められると考えられます。

h. ⑪条令等の中に世帯での目標備蓄量を設定

独自の条令等の中で、世帯における目標備蓄量を設定している自治体は僅か 2.3% に認められるに過ぎませんでした。必ずしも防災に関する条例や計画だけではなく、食育推進計画の中に盛り込んでいる自治体も認められます。どの様な条例や計画の中に示すのかは別としても、公的に正式な形で目標備蓄量を設定することは、住民側も自治体も共に求められる備蓄量を明確化できるメリットがあると考えられます。

i. ⑫その他の対応

その他の対応としては、家庭、町内会、

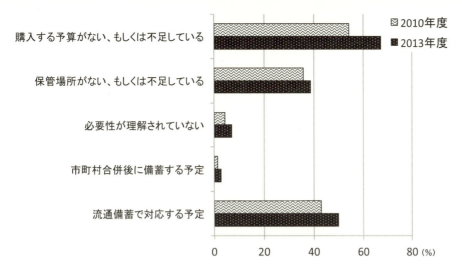

図 9.3 地域防災計画等の中で示されている食料や飲料水を十分に備蓄できていない理由及びこのことへの代替え対応（複数回答）
（須藤紀子 他：日本災害食学会誌 3:25-32（2016））

自主防災組織における備蓄を推進するため、金銭的な補助制度を設けている市と町が5か所の自治体に認められました。

9-4. 十分な備蓄ができていない自治体の理由

2010年度と2013年度の両年度に全国の自治体に対する調査を実施した須藤らの報告（有効回答922市町村）によると、それぞれの時点で地域防災計画等の中で示されている品目や量を満たしていないと回答した市町村に対して、十分な食料や飲料水の備蓄ができていない理由を尋ねたところ、購入する予算がないか不足しているが順に54.3%と67.1%と最も高率を示していました。以下、保管場所がないか不足しているが38.6%と35.7%、必要性が理解されていない7.1%と4.3%、市町村の合併後に備蓄する予定が2.9%と1.4%に認められました。また、これらの代替えとして、流通備蓄で対応する予定と回答した自治体は50.0%と42.9%に認められました。

近年、国だけではなく大部分の地方自治体においては、財源不足が深刻化しており、さまざまな施策に対する予算が減額もしくは打ち切りにされている現状があります。中でも何時何処でどの程度の規模で発生するか確実な予測ができない自然災害への対応については、当然のことながら風当たりが強くなっていると考えられます。しかし、発災時における住民の健康状態を維持するためには、一定レベル以上の食料や飲料水の備蓄が必須であることから、その重要性を自治体の首長や財政担当者等の関係者へ継続的に訴える必要があります。

9-5. 要援護者に対する特殊食料の入手・備蓄

災害時における特殊食品（乳児用粉ミルク、ベビーフード、濃厚流動食、アレルギー対応食、咀嚼・嚥下困難対応食、病者用特別用途食品など）の入手について、全国の都道府県、政令指定都市、中核市、その他の保健所設置市を対象とした調査が2005年度に行われています。これによると、入手が検討されている具体的な品物は、主に乳児用粉ミルクとベビーフードとなっていました。これらの入手方法としては、外部からの救援物資として受け入れるほか、自治体独自の備蓄や関連機関との協定による流動備蓄も想定されます。自治体独自で備蓄する場合は、住民のニーズに合うものを計画的に購入することが可能となり、自治体内での分配も比較的容易に行うこともできます。しかし、実際には十分に備蓄できている自治体は僅かであり、その理由として、購入する予算がないことや、保管場所が確保できないことが理由となっています。さらにこの種の特殊食品が必要になった場合の協定を締結している自治体は少なく、準備態勢の確立が求められていました。調査時点から十数年が経過していることから、状況は幾分改善されていると思われますが、2016年4月に発生した熊本地震の際にも、粉ミルクやアレルギー対応食の不足が報道機関によって指摘されていました。

一方、先進的な対応を取っている自治体も存在しており、新潟県内のある市では、2000年以前より県の要援護者備蓄モデル事業の一環として、乳児、高齢者、腎臓病患者用の特殊食品(粉ミルク、フォローアップミルク、離乳食、腎臓病患者用の低たんぱくご飯、低たんぱく質の副菜、お粥)を市の施設内に備蓄しています。

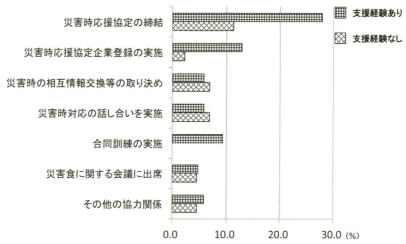

図9.4　自治体と災害食を供給する企業との協力・連携状況
（企業における支援経験の有無別による比較）
（土田直美 他：日本災害食学会誌 4:69-77（2017）を一部改変）

9-6. 自治体と災害食を供給する企業との協力・連携状況

土田らが2016年に実施した緊急時の食料確保に関連する企業に対する調査結果（有効回答130社）によると、過去に何らかの支援経験がある企業は、支援経験がない企業に比べ、自治体との間に災害時における応援協定を締結している割合が高くなっていました。また、応援企業登録、相互情報交換等の取り決め、話し合いの実施、合同訓練の実施、自治体が開催する災害食に関する会議への出席、その他の協力関係の構築についても、支援経験がある企業は若干高値傾向を示していました。

9-7. 今後の望ましいあり方や対応に関する整理

既述のように、将来の発生が予測されている南海トラフ地震に対して、国は各世帯において7日分の食料と飲料水の備蓄を推奨しています。しかし、実際に7日分を備蓄できている世帯は限られると考えられます。このため、自治体の状況に応じ、自助、共助、公助による備蓄の割合に強弱をつけることなどが望まれます。

都市部の場合、著者らが2014年秋期に大阪市住吉区在住の196世帯で実施した調査成績によりますと、主食類（パック入りご飯、乾パンなど）、主菜類（肉や魚の缶詰など）、飲料（ミネラルウォーター、お茶など）を3日分以上備蓄していると回答した世帯は、順に26.8％、14.6％、36.6％に留まっていました。逆にこれらを全く備蓄していないと回答した世帯は、同じく46.3％、56.1％、26.8％となっていました。また、この種の食料を用意・備蓄する際の考慮点について質問（複数回答可）したところ、最も多い回答は、備蓄スペースであり、全体の約60％に認められました。次いで、賞味期限、備蓄する内容、金銭的な問題となっていました。その一方で、行

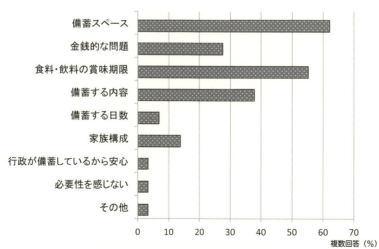

図9.5　非常用の食料を用意・備蓄する際に考慮する点
（由田克士：都市防災研究論文集 2:23-27（2015）を一部改変）

政が備蓄しているから安心と回答した世帯は僅かに認められるだけでした。従って、公助による備蓄については、問題があることは認識しつつも、自宅の備蓄スペースなどの影響によって、自助による対応は進んでいない実態が明らかとなりました。都市部では、行政自身も備蓄スペースの確保や備蓄費用に伴う財政負担に問題を抱えていることから、大規模小売店や市場などと協定を締結し、流動備蓄を進めているようです。

　町村では、今回の調査成績をみる限りでは、都市部に比べ全般的に備蓄は進んでいるようです。さらに、農家世帯では、米、南瓜や玉葱など比較的保存性が高い野菜、いも類などが備蓄されている場合も考えられます。しかし、大規模な小売店などが存在していないことも多いことから、流動備蓄は進め難い状況にあると思われます。

　何れにしても、自治体の状況を客観的に把握・分析し、最善の対策を構築するため、有資格職員である行政栄養士の更なる資質向上と防災・災害対策本部等の主要メンバーへの位置付けが必要であると考えられます。

参考文献
・須藤紀子 他：日本災害食学会誌 3:25-32（2016）
・須藤紀子 他：日本公衆衛生雑誌 57:633-640（2010）
・須藤紀子 他：日本公衆衛生雑誌 58:895-902（2011）
・土田直美 他：日本災害食学会誌 4:69-77（2017）
・由田克士：都市防災研究論文集 2:23-27（2015）
・大阪市健康局：大阪市における災害時栄養士活動マニュアル（2013）

| 10 | 共助体験プログラム | 吉田大介 |

ICTを活用した災害時の情報伝達と共有方法

災害時における有効な情報伝達や情報共有の仕組みは、災害時だけでなく日常にも活用できること(デュアルユース)が求められています。さまざまなICTを活用し、見守りや安否確認といった日常から活用できるシステムの普及が徐々に広がっています。ここでは、情報伝達や共有方法についての全国の自治体における状況や、災害時要援護者への支援、地域のつながりや防災力向上等について、ICTを活用した先進的な事例を紹介します。

10-1. はじめに

平成30年7月に発生した西日本豪雨災害による被害者の約7割超が、災害弱者とされる60歳以上の高齢者と報告されています[1]。これまでの災害においても、高齢者が被害者の大きな割合を占めています。たとえば、国土交通省が実施した過去20年間（平成28年まで）の土砂災害についての調査結果によると、犠牲者の過半数が65歳以上の高齢者と報告されています[2]。災害弱者の犠牲を少しでも低減できるように、地域のつながりを強化し、地域全体で見守り、助け合えるような関係構築を日頃から高める取り組みが、地域防災において重要とされています。特に、都市部のような地域コミュニティが気薄な地域において、このような関係を築くことは難しく、都市防災での課題となっています。また、東日本大震災から時が経ち、災害を身近に感じられない子ども達の増加や、防災活動のマンネリ化、地域自治会の高齢化、地域コミュニティの衰退など、地域防災におけるさまざまな課題が多くあげられます。

このような問題に対応するために、大阪市立大学CERDでは、地域や地方自治体と連携し、地域に潜在する災害リスクや社会課題について地域住民とともに考え、地域のレジリエンスを高めるコミュニティ防災教室（市民講座、防災まち歩き、ICTを活用した災害訓練、防災士養成講座など）の活動などを進めてきました。これらの活動を通して、活動に参加する住民の防災に対する意識や実践力が向上していることが明らかになっています[3]。本学以外の事例としては、内閣官房国土強靱化推進室が全国で参加型ワークショップを開催し、防災・減災など各活動の地域リーダーや防災への関

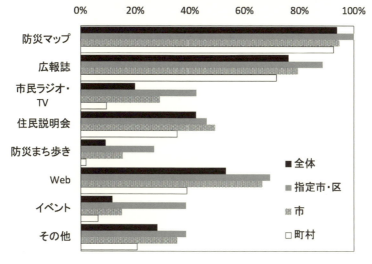

図 10.1 災害リスクの周知方法

心が薄い層へ、地域コミュニティやつながりの重要性について参加者とともに考え、防災への関心を広めています[4]。

本章ではICTの活用事例を中心に、地域のつながりや防災力向上、災害時要援護者への支援等、全国の先進事例や本学CERDの取り組みについて紹介します。

10-2. 地域の災害リスクについての周知方法とその現状

本学が平成29年に全国自治体を対象に実施した調査によると、自治体から住民への災害リスクについての伝達手段は、防災マップ(93.8%)、広報誌(75.9%)、Web(53.1%)、住民説明会(42.3%)という結果で、紙媒体や説明会などアナログ的な手段が多く占めていました（図10.1）。ただ、指定市・区(69.2%)、市(66.4%)ではWebの割合も高く、都市部でのインターネットメディアによる情報提供が普遍化していることが示されていました。

しかし、このような災害リスクに関する情報が住民側に的確に伝わり、災害時に有効に活用されているかについての状況は、あまり良いとは言えません。西日本豪雨災害（平成30年7月）では、浸水ハザードマップ等の災害リスクについての情報が周知されていたにもかかわらず、それが災害時に十分に活かされなかったという報告がされています[5]。国土交通省が実施した「関東・東北豪雨（平成27年9月）におけるハザードマップの活用状況」についての調査結果では、水害発生時に、ハザードマップを活用しなかった人のうち、約65%がハザードマップ自体を知らない、約20%がどこにしまったか分からない、という状況が報告されています。

また同調査では、ハザードマップの認知度向上への取組事例を紹介していま

す。その中で、配布しても捨てられることが多いことや、住民以外の通勤者や旅行者への配布は困難であるため、紙媒体だけでなくパソコンやスマート端末向けのハザードマップの活用も重要と述べられています。さらに、認知度向上には、"まちなか"にハザードマップに関する各種情報（想定浸水深や避難所の情報等）を表示し、日常から水害への意識を高めることも重要であることと、ハザードマップの配布や公表だけの一過性で終わるのではなく、定期・不定期にハザードマップを活用する取り組み（たとえば、自治会、自主防災組織との連携、防災訓練、学校教育との連携方策等）を実施することが重要と報告されています[6]。

10-3. 地域の災害リスクを体験できる情報システム

GPS機能が搭載されているスマート端末を活用することで、ハザードマップ上に現在地情報が表示できるため、地図が読めない子ども達や、土地に不慣れな旅行者向けに、ハザードマップの理解を助けます。ハザードマップの活用における先進的な事例として、兵庫県立大学のハザードチェッカーがあげられます[7]。このシステムでは、GPS機能により取得する現在地情報をもとに、周辺のさまざまな災害リスク情報を表示します（たとえば、ハザードとして、津波、高潮、洪水、内水、土砂、密集市街地が設定）。ハザードチェッカーを実行することで、現在地点のハザードマップや避難場所情報、気象庁防災情報などのリアルタイム情報を得ることができます。

本学CERDでは、地域のさまざまな情報（防災関連施設や災害リスク）を理解しやすい形で可視化する取り組みとして、拡張現実（AR：Augmented Reality）機能を実装したスマート端末（iOS）アプリを開発しました[8]。これを用いることで、訓練対象エリアにどのような災害リスクが潜在するのか、また、

(背景地図 © Mapbox © OpenStreetMap contributors)

図 10.2　仮想災害（火災）が時間の経過とともに拡大していく様子

近くにどのような防災関連施設が用意されているのかなどを、現地（訓練の対象地域）にて地理空間的な認識や理解を容易におこなうことが可能になります。アプリで設定できる仮想災害は、火災、土砂崩れ、道路閉塞、津波等の浸水災害です。アプリ利用者が災害範囲に侵入すると、警告音とともにアプリ画面色が変化します（火災は赤色、道路閉塞は黄色、浸水は青色に変化）。仮想災害はタイマー機能により、設定した時間に発災し、拡大させることが可能です（図10.2）。この機能により、刻々と変化する災害状況を仮想的に作りだすことができ、現実味のある災害訓練の実施が可能となります。本学CERDでは、地域の子ども達向けのアクティブラーニング災害訓練や防災まち歩き等でARアプリを活用してきました[9]。

大阪市東住吉区で実施した防災まち歩き（平成30年6月3日実施）では、単に専門家の解説を聞きながら地域を歩くのではなく、地域で起こりえる災害をARアプリ上で仮想的に発災させ、現場にて災害リスクの確認をおこないました。東住吉区では内水氾濫による道路冠水や、木造住宅密集地での火災と延焼が考えられ、それらを仮想的な災害として設定し、警告音やアプリ画面色の変化により、参加者に災害を身近に感じてもらいました（写真10.1）。そして、まち歩き後のワークショップ（住民を含む参加者との議論の場）では、自分たちが考える安心・安全マップを作成し、その中で、現地で確認した仮想災害などを議論の話題としました（写真10.2）。

10-4. 情報伝達・共有における情報システム

災害前または災害時に警報や避難指示を通知する仕組みとして、LアラートやJアラートが運用されています。Lアラート（災害情報共有システム）は、"安心・安全に関わる公的情報など、住民が必要とする情報が迅速かつ正確に住民に伝えられることを目的とした情報基盤です。地方自治体、ライフライン関連事業者など公的な情報を発信する「情報発信者」と、放送事業者、新聞社、通信事業者などその情報を住民に伝える「情報伝達者」

写真10.1 防災まち歩きでARアプリを活用している様子

写真10.2 安心・安全マップを作成している中でARアプリを活用している様子

とが、この情報基盤を共通に利用することによって、効率的な情報伝達が実現できます。全国の情報発信者が発信した情報を、地域を越えて全国の情報伝達者に一斉に配信できるので、住民はテレビ、ラジオ、携帯電話、ポータルサイト等のさまざまなメディアを通じて情報を入手することが可能になります"（総務省）。また、Lアラートの"L"は Local（ローカル）を示し、対象地域に特化した情報を配信する意味が含まれています。配信される情報として、避難勧告・指示や避難所情報、被害情報、河川水位情報、雨量情報、緊急速報などがあります[10]。これに対してJアラート（全国瞬時警報システム）は、国が発信する緊急速報システムであり、配信される情報として災害情報のほかに、弾道ミサイル情報、航空攻撃情報、ゲリラ・特殊部隊攻撃情報、大規模テロ情報、その他の国民保護情報などが配信されます。

Lアラートは、スマート端末アプリなどの外部端末と連携することが可能な仕様となっているため、さまざまな防災アプリでLアラート情報が通知されるようになっています。たとえば、総務省の「G空間防災システムとLアラートの連携推進事業」では、自治体のさまざまなG空間（地理空間情報を活用した）防災システムと連携する実証実験がおこなわれました[11]。当該事業ではその他に、データ放送、シミュレーションシステムや公共交通機関の運行情報システムと連携した実証実験の成果報告がされています。

スマート端末用の防災アプリは、GPS機能により災害時に利用者の位置情報に応じたハザード情報や避難所情報等を、リアルタイムに自動で通知してくれます。このような通知方式をプッシュ型の情報配信と言います。これに対して、利用者自身が能動的に検索したり、Webサイトを閲覧したりするような従来の方式をプル型と言います。多くの防災アプリには、プッシュ型の通知機能が実装されており、災害時だけでなく、日常生活において注意が必要な情報（熱中症、紫外線、防犯情報など）を、利用者の地域に応じてリアルタイムに配信してくれます。アプリをインストールしておくだけで、自動的に必要な情報を通知するため、情報機器の操作をあまり得意としない方々に情報を届ける手段として、プッシュ通知機能は有効です。しかし、利用者の位置情報に応じたリアルタイムの情報を受け取るには、多くの場合はスマート端末が必要であり、端末を持たない高齢者等の要援護者には有用な情報が届き

ません。また、届けられる情報は、主に健常者向けの情報であるために、必ずしも利用者にとって適切な情報ではないという課題も存在します。

多様な個人特性（高齢者、障がい者、外国人、観光客など）に対応する先行研究として、熊本県菊池市の事例があげられます。菊池市の事例は、総務省「災害情報伝達手段等の高度化事業」の採択課題であり、個人の特性に応じたパーソナライズ(個人に最適化した)情報をスマート端末に配信するシステムです。総務省の同事業では、菊池市の事例と同様にさまざまな利用者を想定し、システムを開発している提案が採択されています。また、LアラートやJアラートのような従来システムと連携し、住民に情報を確実に伝達する工夫をしている課題も多く採択されています[12]。

10-5. 情報伝達・共有における情報システム活用の現状

本学が平成29年に全国自治体を対象に実施した調査によると（図10.3）、災害の直後や最中において活用されるであろう情報伝達・共有に関係する情報システムや情報機器については：

・全体では防災無線・スピーカー(87.3%)、メール配信(77.9%)が特に多く、次いでSNS(44.3%)が多い。
・指定市・区、市では上記3つは60%から90%近くであるが、町村では防災無線・スピーカー(86.4%)は市と変わらないが、メール配信(66.2%)、

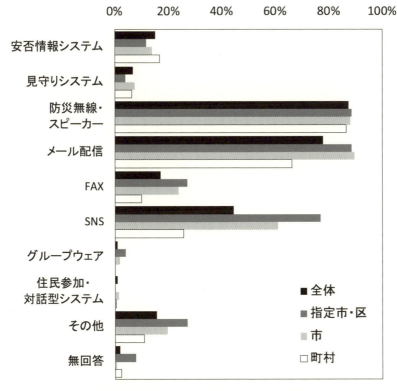

図10.3　住民の情報伝達・共有に関するシステム・機器

SNS(25.6%) とも低くなっており、都市と地方での有効な情報伝達手段の違い、選択肢の幅がうかがえます。
・その他であげられているのは IP 告知端末、CATV、コミュニティ FM などが活用されています。

地域の特性や財政状況によって採用しているシステムは異なると推測されますが、現状では、防災スピーカー等のアナログ的な手段が多く採用されており、安否情報システムや見守りシステムなどは、少数の自治体のみが採用しています。一方、LINE 等の SNS の活用は、約半数の自治体が採用をしており、住民への情報配信の媒体として活用されています。これは、住民が日頃から使っており、馴染みのある情報ツールに配信することと、SNS の特徴である情報の拡散性から、より多くの人に情報を届けられることが見込めるからです。LINE 株式会社ではビジネス向けの有償のサービスを、地方公共団体向けに無償提供しています[13]。有償サービスでは、多くのユーザーへのメッセージ配信や、詳細な統計情報の閲覧、ターゲティングメッセージ（属性別に配信）が利用可能になります（平成 30 年 8 月時点）。SNS の利用者数を考えますと、今後もこのようなソーシャルメディア利用の増加が見込めると考えます。

平成 30 年 6 月の大阪府北部地震後に本学学生を対象に実施したアンケート調査では、多くの学生が情報収集にスマート端末を活用し（図 10.4）、ソーシャルメディアやさまざまな Web サイトを通じて情報を収集していたことが明らかになりました。ソーシャルメディアは学生

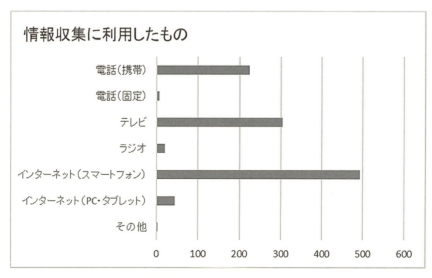

図 10.4　大阪北部地震後に情報収集に利用した情報ツール

が日頃からよく活用しているメディアであるため、災害時にも多くの学生がソーシャルメディアを利用したと推測します。また、ソーシャルメディアと比較すると少数ですが、防災アプリを活用した学生も多く見られました（図10.5）。

東日本大震災（平成23年3月）の際には、安否確認や支援物資や避難情報の提供や共有手段として、SNS等のソーシャルメディアが多くの方々に活用され、日本だけでなく世界中から注目を集め、それ以降の災害時にはソーシャルメディアが積極的に活用されるようになりました[14]。この理由としてはさまざまな要因が考えられます。まず、普段からよく活用し慣れ親しんでいる情報ツール（スマート端末＋ソーシャルメディア）が、幅広い利用者層に普及・拡大していること。またソーシャルメディアは、耐障害性が高いクラウド基盤を活用しているため、大量同時アクセスがあっても問題なく動作すること。そして、参加型の情報サービス（クラウドソーシング）が普及し、情報提供等のボランティア活動が普及していること（ウェザーニュース社の減災リポート、My City Report、FixMyStreet、クライシスマッピング等）があげられます。たとえばMy City Reportでは、地域住民でまちを良くするために、住民に地域のさまざまな問題（道路の穴、ゴミの不法投棄、動物のフン等）やまちのオススメ情報などを、スマート端末のアプリを通じて報告してもらい、行政・住民間で情報を共有し、効率的に課題を解決する仕組になっています。若林ほか（2017）では、防災以外の分野でもクラウドソーシングによるさまざまな事例について報告しています[15]。

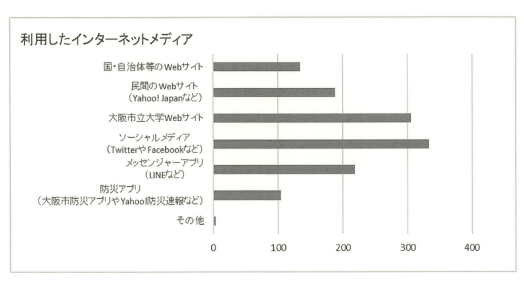

図10.5　大阪北部地震後に利用したインターネットメディア

熊本地震（平成28年4月）の際には、学生有志がSNS等により被災地の情報を集め、Googleマイマップを活用し、炊き出しマップ等を提供した事例も報告されています[16]。このように現在では、ICTを活用することで個人による支援活動が一般的になりつつあります。

ICT活用における今後の動向として（2020年の東京オリンピックも関係していますが）、地域の住民だけでなく地域を訪れる旅行者等の多様な人々に、適切で有用な情報をリアルタイムに届けるためには、スマート端末のような一部の層のみをカバーする端末だけを対象にするだけでなく、Lアラートのようにデータ放送等のさまざまなシステムとの連携や、身の回りのさまざまなモノ（IoT: Internet of Things）を経由しての情報伝達やデータ収集における研究が進んでいくと考えます。また、今後増加していくと考えられている想定外の災害（たとえば、平成29年7月の九州北部豪雨災害やゲリラ豪雨災害のように、局所的でかつ状況が急激に変化する災害など）に対応するために、IoT経由で取得するさまざまなセンサデータ、ソーシャルメディアや気象情報等のビッグデータ、そして、それらを解析し予測をおこなうAIといった最新技術の活用が今後ます

ます重要になると考えます。

10-6. 要援護者向けの支援システム

平成18年3月、内閣府より災害時要援護者の避難支援ガイドラインが提示されました。当ガイドラインでは以下のように述べられています[17]。

要援護者の避難支援は自助・地域（近隣）の共助を基本とし、市町村は、要援護者への避難支援対策と対応した避難準備（要援護者避難）情報（以下、「避難準備情報」という。）を発令するとともに、要援護者及び避難支援者までの迅速・確実な伝達体制の整備が不可欠である。また、要援護者に関する情報（住居、情報伝達体制、必要な支援内容等）を平常時から収集し、電子データ、ファイル等で管理・共有するとともに、一人ひとりの要援護者に対して複数の避難支援者を定める等、具体的な避難支援計画（以下「避難支援プラン」と称する。）を策定しておくことが必要である。

また、ガイドラインで述べられている仕様に対応する情報システムは、さまざまな企業・団体から有償・無償のシステムが提供されています。たとえば、有償の災害時要援護者システムでは、株式会社富士通マーケティング[18]等から販売されています。無償システムでは、兵庫

県西宮市が提供している被災者支援システム（ただし、GIS サーバや地図データが別途必要）[19] や、国立研究開発法人防災科学技術研究所が提供している e コミュニティ・プラットフォーム（見守り情報管理システム）[20] があります。それぞれのシステムでは、機能や特徴が異なりますが、このようなシステムを使用することで、要援護者の台帳管理や、要援護者情報の検索や地図情報連携による可視化、支援活動の履歴情報の管理、安否情報の管理などが、暗号化など情報セキュリティが確保されたシステム下で安全におこなえます。

関係者へのヒヤリング調査から、MS Excel 等で要援護者台帳を管理している自治体がまだまだ多いようですが、システムを導入し台帳情報と地図をマッピングさせたいニーズはあるが、予算化されず、システム化に至らないケースが多いという情報が得られました。また、台帳整備をおこなう上で、庁内の部署間連携をどう進めるのか、民生委員との連携をどうしていくのか、個人情報保護法の壁などがあり、台帳の作成・更新が進まないという課題に悩まれている自治体も多いということが分かりました。平成 30 年の大阪府北部地震や西日本豪雨災害では、台帳の活用におけるさまざまな課題（個人情報保護、台帳活用における基準、支援側の人材不足など）が明らかになりました [21]。共助計画を促進させるためには、このような課題を、それぞれの地域の状況に応じた方法で解決していかなければなりません。

10-7. おわりに

本章では災害時の情報伝達や共有方法の現状について、全国の自治体を対象に実施したアンケート調査の結果をもとに解説してきました。その中で、特に高齢者等の要援護者向けの支援活動や地域のつながり強化に活用できる情報システム、そして、過去の災害時での取り組みについて、ICT 活用の視点から述べてきました。東日本大震災でのソーシャルメディアがそうであったように、災害時にだけ使用するのではなく、日常から活用できる／される仕組み（デュアルユース）が、災害時にも有効に活用できる情報伝達や情報共有の仕組みとして肝要です。現実の世界においても情報システムと同様であり、日頃からの見守りをおこなえる関係など、地域内の「つながり」を構築・強化する取り組みが重要と考えます（たとえば、地域の祭りや運動会など）。これまでに本学でおこなってきた防災まち歩きやアクティブラーニング災

害訓練の実施には、さまざまな地域コミュニティ（行政、自治会、消防、医療、学校など）の多大な協力が必須になります。各協力機関との調整、緻密な準備作業や訓練後におこなっている市民対話（ふりかえり）など、それぞれの地域コミュニティとの協働により、「つながり」は確実に強化されます。そのことにより、地域のソーシャル・キャピタル（社会的な結びつきや信頼関係を表す概念）は高まり、自助・共助力が強化されるという調査結果が報告されています[22]。都市という地域コミュニティの存在が薄れている地域でこそ、さまざまな地域コミュニティ同士の連携力を強化するために、コミュニティ防災教室のような住民協働型の防災・減災活動をおこない、地域に根付かせることが重要と考えます。

参考文献

1) 朝日新聞デジタル「豪雨犠牲者、7割超が60歳以上 「災害弱者」浮き彫り」（2018年7月13日）https://www.asahi.com/articles/ASL7D7FSZL7DPTIL01N.html

2) 朝日新聞デジタル「土砂災害の犠牲者、過半数が高齢者 国交省が対策強化へ」（2018年1月14日）https://www.asahi.com/articles/ASL1G5G2ZL1GUTIL00F.html?iref=pc_extlink

3) 佐伯大輔・三田村宗樹・重松孝昌：リスク学習による参加者の防災に対する意識の変化について，大阪市立大学都市防災研究論文集，第1巻，pp.57-62,2014.

4) 内閣官房国土強靭化推進室 国土強靭化ワークショップ
https://www.cas.go.jp/jp/seisaku/kokudo_kyoujinka/workshop.html

5) 日本経済新聞「「危険地図」生かせず 浸水区域は"想定内" 倉敷・真備町」（2018年7月17日） https://www.nikkei.com/article/DGXMZO32872140R10C18A7CC1000/

6) 国土交通省 ～利用者目線に立ったハザードマップの改善～（2）ハザードマップの活用・認知度向上に 向けた取組
http://www.mlit.go.jp/river/shinngikai_blog/suigaihazardmap/dai02kai/pdf/s03.pdf

7) 兵庫県立大学大学院応用情報科学研究科 有馬研究室「ハザードチェッカー」
https://upper-bosai-apli-hyogo.ssl-lolipop.jp/confirm/about.html

8) 防災教育向けARアプリ「CERD-AR」
https://bitbucket.org/nro2dai/cerd-ar/

9) 吉田大介：防災教育向けARアプリの開発とその活用（第12章第4節），VR/AR技術の開発動向と最新応用事例 －感覚提示技術、クロスモーダル、HMD、空中・立体ディスプレイ－，技術情報協会，2018

10) 総務省「Lアラート（災害情報共有システム）」の普及促進
http://www.soumu.go.jp/menu_seisaku/ictseisaku/ictriyou/02ryutsu06_03000032.html

11) 総務省「G空間防災システムとLアラートの連携推進事業」
http://www.soumu.go.jp/main_sosiki/joho_

tsusin/top/local_support/95151.html

12) 総務省「災害情報伝達手段等の高度化事業」 http://www.soumu.go.jp/menu_news/s-news/01kiban13_02000056.html

13) LINE@ 公式ブログ 地方公共団体無償プランのお申込みについて
http://blog-at.line.me/archives/50863598.html

14) 吉田大介：東日本大震災支援活動におけるクラウドソーシングの活躍, 国際理解, no.38, pp.97-105, 2012.

15) 若林芳樹・今井修・瀬戸寿一・西村雄一郎：参加型 GIS の理論と応用〜みんなで作り・使う地理空間情報, 古今書院, 168p., 2017

16) SankeiBiz 熊本地震役立ち地図にアクセス 200 万回　情報源は学生中心の「ＹＡ４Ｋ」（2016 年 5 月 2 日）
https://www.sankeibiz.jp/business/news/160502/bsj1605020500001-n1.htm

17) 内閣府 災害時要援護者の避難支援ガイドラインについて
http://www.bousai.go.jp/taisaku/youengo/060328/

18) 株式会社富士通マーケティング 災害時要援護者支援システム
http://www.fujitsu.com/jp/group/fjm/solutions/industry/public-sector/disaster-support/index.html

19) 兵庫県西宮市 被災者支援システム
https://www.nishi.or.jp/shisei/gyoseikeiei/gaikakudantai/toshiseibi/hss_info_001.html

20) 国立研究開発法人防災科学技術研究所 e コミュニティ・プラットフォーム
https://ecom-plat.jp/group.php?gid=10610

21) 日本経済新聞「災害弱者の安否確認、名簿活用に自治体で差 大阪北部地震」（2018 年 6 月 30 日） https://www.nikkei.com/article/DGXMZO32462720Q8A630C1AC1000/

22) 西澤雅道・筒井智士・金思穎：地区防災計画制度と ICT の在り方に関する考察 〜東日本大震災を踏まえて〜, 情報通信学会誌, vol.32, no.2, pp.105-116 (2014)

11 社会実験の有効性評価 佐伯大輔

地域住民を対象とした防災訓練の評価について

　　人々が自分の身を災害から守るには、地域の災害リスクに関する正確な知識と、熟練した災害対応スキルが必要ですが、これらを達成するには、平時において適切な防災教育や防災訓練を受ける必要があります。日本では、これまでに多くの防災教育・訓練プログラムが開発・実施されてきましたが、それらはどの程度有効と判断できるのでしょうか。本章では、今回、日本全国の自治体の防災担当者を対象に行った「防災に関するアンケート」（以下、本調査と呼ぶ）の中から、地域住民による災害対応行動の素地と考えられる、「自主防災組織が組織化されている程度」、「防災教育（研修）が実施されている程度」、及び「災害時における要援護者の支援体制が整備されている地区の割合」に焦点を当て、地域の災害対応の現状について、その一端を明らかにすることを試みます。次に、これまでに実施されてきた防災教育・訓練やその効果検証としての社会実験についていくつか事例を挙げ、その有効性について、学習の原理を用いて行動改善を図る行動分析学の観点から考察します。

11-1.「自主防災組織が組織化されている程度」について

　地域の防災活動は、自主防災組織が主体となって行われます。従って、自主防災組織が組織化されている程度は、その地域の防災力を決定づける重要な要因です。本調査では、「自主防災組織が組織化されている程度」（問10）を尋ねているため、その回答を見てみることにします。組織化の程度が「すべての地区で組織化されている」と「約75％」と回答された数を足し合わせ、総回答数に対する割合を算出すると、「指定市・区」では89.5％、「市」では75.4％であるのに対し、「町村」では59％と低いことが

わかります。一方、「約25％」と「全く組織化されていない」と回答された数を足し合わせ、総回答数に対する割合を算出した場合、「指定市・区」では0％、「市」では8.4％であるのに対し、「町村」では30.6％と比較的高いことがわかります。これらの結果は、自主防災組織の組織化は、自治体の規模が小さくなるほど実現できていないことを示しており、町村における防災力が高くないことを示唆しています。

11-2.「防災教育（研修）が実施されている程度」について

　防災に関する知識・スキルの獲得は、

112

地域住民を対象とした防災教育を通して実現されるため、防災教育の実施の程度は、地域の防災力に影響する重要な要因といえます。そこで、本調査における「防災教育（研修）が実施されている程度」（問11）に対する回答を分析しました。その結果、どの規模の自治体においても、最も回答の多かったのは、「年に1回程度、市町村単位で実施している」であり、回答の割合は、「指定市・区」では47.4%、「市」では57.2%、「町村」では42.7%でした。自治体の規模によって大きく異なったのは、「未実施」の回答の割合であり、「指定市・区」では5.3%、「市」では11.9%、「町村」では35.4%と、自治体の規模が小さくなるに伴って、高くなることがわかりました。前述の「自主防災組織の組織化の程度」と合わせて考えると、町村といった人口規模の小さい地域では、住民に防災教育を受ける機会があまり与えられておらず、そのため、十分な防災力が培われていない可能性があります。地域住民に対する防災教育は、自主防災組織を通して行われることが多いため、「自主防災組織の組織化の程度が高いほど、防災教育が実施されている程度も高い」という相関関係があると考えられます。次節ではこの可能性について検討します。

11-3. 自主防災組織の組織化の有無と防災教育実施の有無との関係

　自主防災組織が組織化されている自治体と、全く組織化されていない自治体の間で、防災教育（研修）を実施しているか否かが異なるかどうかを調べました。本調査は、自主防災組織の組織化や防災教育の実施について、程度を回答する方式になっていますが、程度ごとに分類するとデータ数の少なくなるケースが見られたため、組織化の「有」と「無」の2群、及び、教育の「実施」と「未実施」の2群に分けて、これら2つの要因間の関係を調べました。自治体の規模（指定市・区、市、町村）ごとに分析した結果を表11.1に示します。「指定市・区」については、回答のあった18ケースのすべてにおいて自主防災組織が組織化されていたため、防災教育の実施との関係を見ることができませんでした。

　「市」については、回答のあった278市のうち、自主防災組織の組織化されている市が277市、組織化されていない市が1市ありました。自主防災組織が組織化されている277市のうちの約88.4%にあたる245市が防災教育（研修）を実施しており、自主防災組織が組織化されていない1市は、防災教育（研修）を実施していないことがわかりました。

表 11.1　自治体の規模別に観た自主防災組織の組織化と防災教育実施の関係

自治体の規模	自主防災組織	防災教育（研修）		実施率
		実施	未実施	
指定市・区	組織化あり	17	1	0.944
	組織化なし	0	0	–
市	組織化あり	245	32	0.884
	組織化なし	0	1	0.000
町村	組織化あり	177	76	0.700 ⎤
	組織化なし	6	26	0.188 ⎦ *

注：数値は回答数を示す。

　一方、町村では、回答のあった 285
町村のうち、自主防災組織が組織化され
ている町村が 253 町村、組織化されてい
ない町村が 32 町村（全体の約
11.2％）ありました。自主防災組織が
組織化されている 253 町村のうちの約
70％にあたる 177 町村が防災教育（研
修）を実施しているのに対し、自主防災
組織が組織化されていない 32 町村のう
ち、防災教育（研修）を行っている町村
は 6 件（自主防災組織が組織化されて
いない町村のうちの約 18.8％）にとど
まることがわかりました。この町村デー
タにおける、自主防災組織の組織化の有
無の間での、防災教育（研修）実施・未
実施の割合の違いは、有意でした（Fisher
の直接法, p < .001）。これらの事実は、
自治体の規模が小さくなるほど、自主防
災組織が組織化されていない割合が高く
なることと、さらに、組織化がなされて
いない場合には、防災教育（研修）が行
われていない割合が高くなることを示し
ています。

11-4. 自主防災組織の組織化・防災教育実施と人口密度との関係

　以上に見たように、自治体の規模が小
さくなるほど、自主防災組織の組織化が
なされていない傾向にあります。この事
実は、人口密度が低いほど、自主防災組
織の組織化が遅れていることを示唆して
います。また、防災教育（研修）の実施
についても同様に、自治体の規模が小さ
くなるほど実施率が低下していることか
ら、人口密度が低くなるにつれて、実施
されていないことを示唆しています。そ
こで、自主防災組織の組織化の有無、ま
たは、防災教育（研修）の実施の有無の
間で、その地域の人口密度が異なるかど
うかを調べました。各市区町村の人口密
度データは、「平成 27 年国勢調査人口
等基本集計」（総務省）を利用しました。
なお、「指定市・区」や「市」単位の自
治体では、自主防災組織が組織化されて
いないケースがほとんどなかったため、
以下の分析は、人口密度が特定できた「町
村」のデータを対象に行いました。

自主防災組織について、組織化がなされている自治体（$N = 255$）と組織化がなされていない自治体（$N = 32$）の間で、人口密度（1 km^2 あたり）の平均値を比較したところ、組織化されている自治体（$M = 443.5$）の方が、組織化されていない自治体（$M = 69.6$）よりも有意に高いことがわかりました（t [211] $= 5.86, p < .001$）。また、防災教育（研修）を実施している自治体（$N = 182$）と実施していない自治体（$N = 102$）の間で、人口密度の平均値を比較したところ、実施している自治体（$M − 526.5$）の方が、実施していない自治体（$M = 180.5$）よりも有意に高いことがわかりました（t [253] $= 4.32, p < .001$）。これらの結果は、「指定市・区」、「市」、「町村」といった、明らかに人口規模の異なる地域間だけではなく、同じ「町村」カテゴリー内であっても、人口密度の多寡によって、自主防災組織の組織化や防災教育の実施の有無が異なることを示しており、地域の災害への準備性を高めるに際しては、人口密度の低い地域への配慮が必要になることを示しています。さらに、人口密度の低い地域では、なぜ災害への準備性が低いのか、その要因を明らかにする必要があります。

11-5. 要援護者の支援体制が整備されている地区の割合について

災害時における要援護者への支援は、近隣住民によって担われることが期待されているため、要援護者の支援体制がどの程度整備されているかは、その地域の防災力に強く関係します。ここでは、本調査によって収集された「災害時における要援護者の支援体制が整備されている地区の割合」（問 17）についてのデータが、自治体の規模によってどのように異なるかを明らかにし、前述の自主防災組織の組織化の程度との関係についても調べることとします。なお、この質問項目への回答は、「その他」が多かったのですが、以下の分析では、「その他」の回答を除外して行うこととしました。

図 11.1 は、この質問項目への回答を自治体の規模ごとに集計したものです。「指定市・区」については、「100％」、「31％ ～ 50％」及び「51％ ～ 70％」に回答が集まっていることがわかります。一方、「市」や「町村」については、「100％」という回答が多いですが、「1％～ 10％」と「11％ ～ 30％」の回答も多くなっています。すなわち、どの規模の自治体についても、要援護者の支援体制が整備されている割合は二極化していますが、二極化の程度は、より規模の小さい「市」

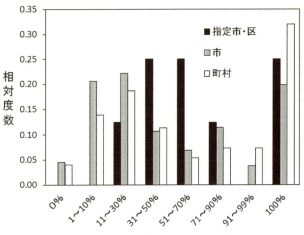

図11.1 要援護者の支援体制が整備されている地区の割合

や「町村」において大きいことがうかがえます。

次に、自主防災組織の組織化の程度と、要支援者の支援体制が整備されている割合との間の関係を調べました。いずれの設問も回答の尺度水準が順序尺度であるため、スピアマンの順位相関係数を用いました。また、上述のように、自治体の規模によって回答の分布が異なるため、相関係数の算出は、「指定市・区」、「市」、「町村」ごとに行いました。その結果、「指定市・区」($N = 8$) では、自主防災組織の組織化の程度が高いほど、要援護者の支援体制の整備されている割合が高かったのですが、相関は有意ではありませんでした ($r = 0.327$, ns)。同様の正の相関関係は、「市」($N = 131$) や「町村」($N = 149$) でも見られ、それぞれ、高くはないですが相関は有意でした (「市」: $r = 0.244$, $p < .05$、「町村」: $r = 0.197$, $p < .05$)。これらの結果は、要援護者の支援体制の拡充が、自主防災組織によって担われていることを示唆しています。なお、「指定市・区」では、比較的高い値の相関係数が得られたにもかかわらず有意な相関が得られませんでしたが、その理由として、ケース数の少ないことが考えられます。

11-6. 要援護者の支援体制の整備の程度と人口密度との関係

前節では、自主防災組織の組織化が進んでいる地域ほど、要援護者の支援体制の整備がなされていることが示されました。しかしながら、自主防災組織の組織化の有無は、人口密度と有意に関係していました。従って、要援護者の支援体制の整備割合も人口密度と関係している可能性があります。そこで、要援護者の支援体制の整備割合と人口密度との間の関係を、スピアマンの順位相関係数により調べました。その結果、相関係数は、「指定市・区」($N = 8$)では、$r = 0.554$ (ns)、「市」($N = 131$)では、$r = 0.039$ (ns)、

「町村」（$N = 149$）では、$r = 0.193$（$p < .05$）となり、町村においてのみ、高くはないですが有意な相関が得られました。この結果は、町村においては、人口密度が高いほど、要援護者の支援体制が整っていることを示しており、自主防災組織の組織化や防災教育の実施と同様に、人口の少ない地域における要援護者の支援体制が不十分であることを示唆しています。

以上、本調査のデータから、地域住民の災害対応行動の素地となりうる要因として考えられる、「自主防災組織の組織化の程度」、「防災教育（研修）の実施の程度」、「要援護者の支援体制が整備されている地区の割合」について検討しました。その結果、これらの要因は、互いに相関関係にあることと、これらの程度・割合は、人口密度の高い地域ほど高くなることが明らかになりました。人口密度の低い地域は、人口密度の高い都市部と比べて、被災する人数の少ないことが予測されますが、自主防災組織の組織化や、要支援者への支援体制の整備が十分になされていないのは問題です。居住者の少ない地域は、そもそもマンパワーが不足しているために、住民の力だけでは解決できない問題が多く存在します。このような状況においては、行政からの支援が

なければ、十分な災害対応は実現できないと考えられます。

一方、自主防災組織が形成され、防災教育・訓練がなされている地域であっても、教育・訓練の内容や方法が妥当なものでなければ、効果は期待できません。わが国ではこれまでに、社会実験として多くの防災教育・訓練が行われていますが、これらはどの程度、防災力の向上をもたらしているのでしょうか。次節では、この問題について、学習の原理に基づいて人間の行動変容を研究する行動分析学の観点から考察します。

11-7. 行動分析学の観点から見た防災教育・訓練

わが国では、最近二十数年の間に、大規模な自然災害が何度も起こり、そのたびに多くの犠牲者が出ています。来たる大規模自然災害に備えるためには、建造物を補強したり、観測技術を向上させるなどのハード面での強化が不可欠ですが、それらに加えて、人々の適切かつ迅速な災害対応行動、すなわち、ソフト面における強化も必須です。それを実現するには、地域住民を対象とした防災教育・防災訓練を効果的な方法で進めなければなりません。ここでは、学習の原理に基づいて人間がとるさまざまな行動の改善を

試みている行動分析学の観点から、従来の防災教育・訓練の有効性を検討し、どのような方法を用いた防災教育・訓練が必要であるかを考察します。

従来の社会実験で行われる防災教育・訓練の典型例は、以下のようなものです。まず、参加者に教授すべき防災知識やスキルを学習させ、その後、学習効果を確認するために、防災意識、防災知識、災害への準備状況等を学習者に答えさせる自己報告形式のアンケート調査を行います。また、このようなアンケートを、授業や訓練の前後に行い、事前と事後の間で調査結果を比較することで、学習効果を検討します。このような方法による教育・訓練は、防災意識やスキルの向上をもたらすという報告もありますが、行動分析学の観点から見た場合には、いくつかの問題点が浮かび上がります。行動分析学では、人間の行動の多くが、学習によって獲得されたものとし、「先行条件」、「行動」、「結果」の3つの部分に注目して、行動変容の要因を探るものです。たとえば、「ハザードマップを調べる」という行動の場合、先行条件として、「ハザードマップがある」、結果として「災害リスクがわかる」という内容があてはまります（図11.2）。この時、学習者にとって「災害リスクがわかる」という結果が行動を強める力を持つのであれば、以後、ハザードマップがある状況では、この学習者のハザードマップを調べる行動は生起すると考えます。以下、この3つの点についての説明を通して、行動分析学に基づく方法と従来の方法との比較を行います。

11-8. 先行条件

「先行条件」とは、当該行動が生じるときのさまざまな条件のことであり、たとえば、「ハザードマップを確認する」という行動の先行条件の1つとして、「ハザードマップが入手可能であること」が挙げられます。先行条件が適切ではない場合、たとえば、「ハザードマップの所在が不明である」や、「ハザードマップは入手可能であるが複雑でわかりにくい」場合には、それを適切に利用する行動は生起しにくくなります。防災教育・訓練の場では、教育・訓練の行われる場所、教材、講師、仲間などの要因が、先行条件として機能します。

学習者が適切に行動するには、先行条件として、「何をすべきか」が明確に示されている必要があります。萩野・斉藤(2016)が防災訓練で使用した「アクショ

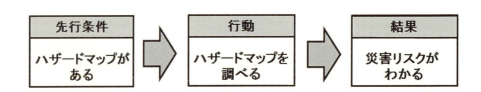

図11.2　「ハザードマップを調べる」行動が学習される状況における先行条件、行動、結果の例

ンカード」は、有効な先行条件と考えられます。彼らは、病院で手術中に地震が発生したという状況を想定した防災訓練において、各スタッフがどのような行動を取るべきかを記載したアクションカードを用いました。これは、「患者の体位保持・ベッドを下げる」、「医療器械を遠ざける」など、緊急時に迅速かつ効率的に行動できるように、スタッフに配布される行動指標カードです。この他、この研究では、評価表に自己評価及び他者評価を記入することで、客観的な評価と振り返りの促進を図っていますが、このような工夫も重要です。ただし、この研究では、それぞれの行動を行うに際して、制限時間が設けられていたかどうかが明らかではありません。一般に、制限時間や締切の呈示は行動を促進するため、先行条件として設定されます。

11-9. 行動

「行動」とは、学習すべき行動のことであり、防災教育・訓練の場では、たとえば、「居住地域の災害リスクについて答える」、「所定の時間内に避難所まで移動する」、「毛布担架を使ってケガ人役の人を運ぶ」などが挙げられます。行動分析学では、学習の指標として行動の変化を用いるため、防災教育・訓練において

は、どのような行動を変化させるべきか（学習させるべきか）を、あらかじめ明確にしておく必要があります。そのような行動のことを、「標的行動」または「ターゲット行動」と呼びます。一方、従来の防災教育の多くは、教育効果の指標として、「災害や防災に対する意識」を用いていますが、意識が変化することは、必ずしも行動が変化することを意味しないため、教育効果の指標としては不十分です。このことは、たとえば、災害への備えとして「備蓄品が必要である」と認識しているにもかかわらず、実際に備蓄品を準備している人は少ないという事実（坂本他, 2016）からも明らかでしょう。

また、災害についての「知識」を向上させることが目的の場合、行動レベルでの測定はどのようにして行えるでしょうか。従来の方法では、「私は、居住地域の災害リスクについて把握している」という質問項目に「はい」または「いいえ」で回答するような自己報告形式のアンケートがよく用いられますが、この方法では知識が獲得されたかどうかが正確に測定できない可能性があります。このような場合には、「居住地域の災害リスクを答える」という行動を測定できるような質問項目（「あなたの居住地域の災害リスクを答えなさい」等）を用いる必要

119

があります。

さらに、授業や訓練で教わってもすぐには習得できないような行動（複雑な防災資機材の操作等）については、習得できるようになるまで何度も練習を行うことが必要です。しかしながら、従来の防災教育・訓練は、1回きりの実施であったり、「年に1回の実施」のように、実施の間の時間間隔が長いことから、学習者に行動習得の機会が十分に与えられていないことが多いと思われます。

防災訓練で行動測定を行った先行研究例として、久田他（2006）があります。彼らは、地域住民を対象に初期消火訓練を行い、発災から消火器とバケツを準備するまでの所要時間を測定しています。その際、10分以内に準備できた場合には、「初期消火成功」と判断しています。行動分析学の観点から見ると、具体的に行動測定を行っている点で、この研究の意義は大きいと考えられます。しかし、訓練は1回しか行われておらず、1回の経験で、学習者の消火行動の学習がどの程度進んだのかということや、訓練後、学習効果がどのくらい持続したのかが不明です。学習効果を測定するには、学習を行わせる「習得フェイズ」と、学習効果を測定する「テストフェイズ」の2段階を設定する必要がありますが、この研究ではそれが分離されていないという問題があります。また、学習場面では、多くの場合、正確さと速さがトレード・オフの関係になる（一方の成績が良い場合には、もう一方の成績が悪くなる）ため、行動を測定する際には、正確さと速さの両方を測定し、これら2つの測定値の両方を考慮して評価することが望ましいです。

津波避難訓練への参加が、実際の津波発生時の行動に及ぼす効果を検討した興味深い研究として、戸川他（2017）があります。この研究では、2012年度から2016年度の期間に、年に1回の頻度で津波避難訓練が行われた地域の住民を対象に、実際に地震が発生した2016年11月22日に、津波注意報発令からの避難時間と安否確認に要する時間等を測定し、避難訓練に参加したことのある人（以下、訓練参加者と呼ぶ）と参加したことのない人（以下、訓練非参加者と呼ぶ）の間で比較を行いました。その結果、避難した人に占める訓練参加者の割合（53.9％）は、避難しなかった人に占める訓練参加者の割合（38.7％）よりも、有意に高いことがわかりました。さらに、訓練参加者は、訓練非参加者よりも避難に要する時間が有意に短いことがわかりました。ただし、避難開始時間について

は違いが見られませんでした。また、事後のアンケートでは、「防災訓練の経験が活かされた」と答えた回答者の割合よりも、「東日本大震災の経験が活かされた」と答えた回答者の割合の方が高いことがわかりました。このように、訓練が避難行動を促進する効果を持つ一方で、その経験が活かされなかったという回答が多かった理由について、戸川他（2017）は、津波注意報が発令された時間帯（午前6時）や避難方法（自動車での避難）が訓練時とは異なっており、これらが想定外であったとし、そのために、訓練の経験が災害発生時に活かされなかったとしています。このことから、効果的な防災訓練を行うには、状況をできるだけ発災時に近づける必要があります。

　防災訓練実施時と発災時との間の最も大きな違いは、防災訓練では、参加者が「これから訓練が始まる」ことと、「訓練が始まれば何をすればよいか」を知っている点です。そのため、訓練は、これから取るべき行動への「構え」が形成された状態で始まり、参加者は発災時と同じように行動しない可能性があります。このような従来の防災訓練の問題点を解消するために、訓練を抜き打ちで行う試みがなされています。秦他（2015）は、20校の小・中・高等学校において、避難訓練を抜き打ちで実施することの効用を報告しています。すなわち、抜き打ちの避難訓練を行うことによって、従来の避難訓練には、「自分の教室の自分の机の下に隠れる」という特定の行動しか学習されず、緊急地震速報が流れても適切に反応できないこと（応用力の欠如）という問題のあることが明らかとなり、さらに、抜き打ちの訓練を何度も行うことで、これらの問題が解消すると報告しています。しかしながら、残念なことに、秦他（2015）の報告には、訓練実施回数に応じて、避難行動がどのように改善されていったのかに関する行動データが全く示されておらず、抜き打ち法がどの程度有効であるのかは、明確ではありません。ある方法で避難訓練を行った場合の学習効果を明らかにするには、一人一人の学習者について、訓練経験に伴うターゲット行動の変化を明らかにする必要があります。避難訓練の多くは、集団レベルで実施されるため、現時点では、各学習者の行動データを同時に測定することが、技術的に困難であるのかもしれません。

11-10. 結果

　学習の3つ目の要素である「結果」とは、行動が生起した後に生じる環境変化

を指しますが、防災教育・訓練の文脈では、ターゲット行動が生起した後のフィードバックがこれに相当します。授業や訓練で習ったことがきちんと習得できているかどうかを、学習者自身が知ることは、学習者が以後その行動を取るかどうかに大きく影響します。従来の防災教育・訓練では、教育効果や訓練効果を明らかにするために、アンケート調査や行動測定を行っていますが、その調査結果や測定結果を学習者に知らせているかどうかが、明らかでないものが大半です。行動分析学では、行動の効率的な習得には、結果のフィードバックはできるだけ早く行う必要のあることが明らかにされています。教育場面でのフィードバックには、行動が正確であることを示すフィードバックと、行動が不正確であることを示すフィードバックがあります。行動が正確な場合に褒めることは必要ですが、行動が不正確な場合に叱責などの嫌悪刺激を用いることは、学習の効率が低下することなどから、できるだけ避けるべきとされています。

「結果」は、褒め言葉などのような、外部からの人為的なものである必要はなく、「繰り返し練習することによって、これまでできなかった行動ができるようになった」という事実も、十分、その行動を促進する役割を果たします。しかしながら、行動がなかなか習得できなかったり、行動の成果がすぐに現れない場合（防災行動の習得が本当の意味で役立つのは災害が起こったときです）には、学習に対するモチベーションが低下する可能性があります。そのような場合には、教育者・訓練者が、学習者の行動を維持するために、何らかの人為的な結果を付与する必要があります。

11-11. おわりに

以上、行動分析学の観点から、人間が行動を学習する時の３つの要素である「先行条件」、「行動」、「結果」に照らして、従来の防災教育・訓練の問題点を概観しました。本章で指摘した問題点の中でも特に重要なことは、従来の防災教育・訓練の多くでは、教育効果の指標として、「防災行動」ではなく「防災意識」が採用されてきたことです。前述のように、意識の向上は必ずしも行動変容につながらないため、意識変革がうまく行っても適切な行動が生じるとは限らないのです。次に重要な問題は、適切な行動に対するフィードバックを行っていないことです。人々が防災行動を学ぶ理由は、災害が来た時に身を守ることができるようになるためです。しかし、そのような事

態がいつ起こるのかは不明であり、学習した行動を発揮する機会は多くはありません。そのような状況では、行動が自然の結果によって維持されることはなく、人為的な結果を与えなければ、行動の維持は難しくなる可能性があります。本章では触れませんでしたが、防災教育・訓練の多くは、地域や学校といった集団場面で行われることから、行動を強める結果として、他のメンバーからの称賛等の「社会的刺激」が有効です。社会的刺激が効果的に働くようになるには、その素地として、地域における住民間の結びつきが必要となります。従って、人間関係が形成されていない地域で防災教育を展開するには、教育者は、メンバー間の人間関係を形成するところも含めた教育プログラムをつくる必要があるでしょう。

最後に、本章で考察した内容に基づき、有効な防災教育・訓練のために必要なことを、以下にまとめます。

・何をいつまでにすればよいかが、学習者に対して明確に示されていること
・行動レベルでの測定・評価がなされていること
・行動の結果について、即時フィードバックが実現されていること
・自然な結果だけでは行動が維持されない場合に、教育者・訓練者から、行動が維持されるような結果が与えられること
・学習効果が維持されるよう、訓練の機会が複数回設定されていること

参考文献

・秦康範・酒井厚・一瀬英史・石田浩一（2015）児童生徒に対する実践的防災訓練の効果測定－緊急地震速報を活用した抜き打ち型訓練による検討－　地域安全学会論文集, 26, 1-8.

・萩野沙織・斉藤美香（2016）アクションカード・訓練時評価表を用いた防災訓練の効果　盛岡赤十字病院紀要, 25, 72-77.

・久田嘉章・村上正浩・柴山明寛・座間信作・遠藤真（2006）木造密集市街地における地震防災に関する研究（その10：愛知県豊橋市における地域被害情報収集と発災対応型訓練）地域安全学会梗概集, 19, 23-26.

・坂本薫・森井沙衣子・澤村弘美（2016）兵庫県中播磨地域における災害に備えた食料備蓄に関する意識調査　兵庫県立大学環境人間学部研究報告, 18, 57-66.

・戸川直希・佐藤翔輔・今村文彦・岩崎雅宏・皆川満洋・佐藤勝治・相澤和宏・横山健太（2017）津波避難訓練が実際の津波避難行動に及ぼす効果－宮城県石巻市2016年11月22日福島県沖地震津波時の事例－　土木学会論文集B2（海岸工学）, 73, I_1531-I_1536.

全国自治体防災アンケートの結果

　本研究では、避難行動要支援者関連の対策を中心に現状の防災対策の取り組み状況を把握するために全国の基礎自治体に対するアンケート調査を実施しました。質問は各研究分担者が関心のある事項で構成されています。調査は政令指定都市・特別区等が 43 自治体、市（政令指定都市以外）が 770 自治体、町村が 928 自治体の計 1,741 自治体を対象とし、防災担当部署宛に郵送でアンケート票を配布・回収しました。2016 年 12 月末に初回を配布、2017 年 1 月末を期限として回収、初回で返送のなかった自治体を対象に 2 回目を 2017 年 12 月末に配布、2018 年 1 月末を期限として回収しました。表 1 に示す 2 回分の配布、回収状況は全体で 1,741 自治体に配布、870 自治体から回収で回収率 50.0％、政令指定都市等では 43 自治体に配布、29 自治体から回収で回収率 67.4％、その他市では 770 自治体に配布、414 自治体から回収で回収率 53.8％、町村では 928 自治体に配布、424 自治体から回収で回収率 45.7％でした。自治体名不明の回収が 3 件ありました。

| 表 1 | 配布・回収状況 |

	配布数	回収数	(%)
政令指定都市、特別区等	43	29	67.4%
市（政令指定都市以外）	770	414	53.8%
町村	928	424	45.7%
不明		3	
合　計	1,741	870	50.0%

	自治体数
政令指定都市、特別区等	43
市（政令指定都市以外）	770
町村	928
合　計	1,741

注）各章のアンケート調査結果は執筆者が独自に分析を行った結果であり、
　　以下の集計結果とは数値が異なる場合があります。

| 表 2 | | 避難行動要支援者支援プラン策定にあたって想定する災害 | | | | | | | |

	MA：A=870			a=29		a=414		a=424	
選択肢	全体	（％）	指定市・区	（％）	市	（％）	町村	（％）
1. 地震	834	95.9%	26	89.7%	400	96.6%	405	95.5%
2. 津波	344	39.5%	9	31.0%	181	43.7%	154	36.3%
3. 風水害	822	94.5%	23	79.3%	399	96.4%	397	93.6%
4. 斜面崩壊	632	72.6%	13	44.8%	318	76.8%	298	70.3%
5. 火山噴火	110	12.6%	2	6.9%	61	14.7%	47	11.1%
6. 竜巻	150	17.2%	6	20.7%	88	21.3%	56	13.2%
7. その他	101	11.6%	5	17.2%	61	14.7%	35	8.3%
無回答	0	0.0%	0	0.0%	0	0.0%	0	0.0%
合　計	2,993	344.0%	84	289.7%	1,508	364.3%	1,392	328.3%

| 表 3 | | 避難行動要支援者支援プラン策定対象者 | | | | | | | |

	MA：A=870			a=29		a=414		a=424	
選択肢	全体	（％）	指定市・区	（％）	市	（％）	町村	（％）
1. 重度要介護認定者	830	95.4%	29	100.0%	398	96.1%	401	94.6%
2. 身体・知的障害	820	94.3%	29	100.0%	398	96.1%	390	92.0%
3. 高齢者のみの世帯	673	77.4%	21	72.4%	316	76.3%	333	78.5%
4. 妊婦・乳幼児	277	31.8%	7	24.1%	111	26.8%	158	37.3%
5. その他	272	31.3%	20	69.0%	177	42.8%	75	17.7%
無回答	0	0.0%	0	0.0%	0	0.0%	0	0.0%
合　計	2,872	330.1%	106	365.5%	1,400	338.2%	1,357	320.0%

| 表 4 | 避難行動要支援者支援プラン策定状況 |

（実数）

		1. 作成済	2. 作成中	3. 検討中	4. 予定無し	無回答	合計
1. 要綱作成	全体	431	59	189	158	33	870
	指定市・区	12	2	4	8	3	29
	市	243	22	66	79	4	414
	町村	174	35	118	71	26	424
2. 名簿作成	全体	700	101	50	10	9	870
	指定市・区	24	3	2	0	0	29
	市	359	41	8	3	3	414
	町村	315	56	40	7	6	424
3. 個別計画	全体	210	271	315	54	17	867
	指定市・区	4	13	10	2	0	29
	市	120	150	117	21	6	414
	町村	84	108	187	31	11	421
4. 組織体制	全体	259	128	353	94	33	867
	指定市・区	11	8	6	2	2	29
	市	138	65	147	46	18	414
	町村	108	55	199	46	13	421
5. 避難訓練	全体	212	48	381	199	26	866
	指定市・区	15	0	8	3	3	29
	市	123	19	163	97	12	414
	町村	74	29	208	98	11	420

（%）

		1. 作成済	2. 作成中	3. 検討中	4. 予定無し	無回答	合計
1. 要綱作成	全体	49.5%	6.8%	21.7%	18.2%	3.8%	100.0%
	指定市・区	41.4%	6.9%	13.8%	27.6%	10.3%	100.0%
	市	58.7%	5.3%	15.9%	19.1%	1.0%	100.0%
	町村	41.0%	8.3%	27.8%	16.7%	6.1%	100.0%
2. 名簿作成	全体	80.5%	11.6%	5.7%	1.1%	1.0%	100.0%
	指定市・区	82.8%	10.3%	6.9%	0.0%	0.0%	100.0%
	市	86.7%	9.9%	1.9%	0.7%	0.7%	100.0%
	町村	74.3%	13.2%	9.4%	1.7%	1.4%	100.0%
3. 個別計画	全体	24.2%	31.3%	36.3%	6.2%	2.0%	100.0%
	指定市・区	13.8%	44.8%	34.5%	6.9%	0.0%	100.0%
	市	29.0%	36.2%	28.3%	5.1%	1.4%	100.0%
	町村	20.0%	25.7%	44.4%	7.4%	2.6%	100.0%
4. 組織体制	全体	29.9%	14.8%	40.7%	10.8%	3.8%	100.0%
	指定市・区	37.9%	27.6%	20.7%	6.9%	6.9%	100.0%
	市	33.3%	15.7%	35.5%	11.1%	4.3%	100.0%
	町村	25.7%	13.1%	47.3%	10.9%	3.1%	100.0%
5. 避難訓練	全体	24.5%	5.5%	44.0%	23.0%	3.0%	100.0%
	指定市・区	51.7%	0.0%	27.6%	10.3%	10.3%	100.0%
	市	29.7%	4.6%	39.4%	23.4%	2.9%	100.0%
	町村	17.6%	6.9%	49.5%	23.3%	2.6%	100.0%

表 5	災害リスクの住民への周知方法

	MA：A=870		a=29		a=414		a=424	
選択肢	全体	(％)	指定市・区	(％)	市	(％)	町村	(％)
1. 防災マップ	814	93.6%	29	100.0%	392	94.7%	390	92.0%
2. 広報誌	664	76.3%	26	89.7%	330	79.7%	306	72.2%
3. 市民ラジオ・TV	160	18.4%	13	44.8%	107	25.8%	40	9.4%
4. 住民説明会	353	40.6%	15	51.7%	199	48.1%	138	32.5%
5. 防災まち歩き	76	8.7%	10	34.5%	57	13.8%	9	2.1%
6.Web	449	51.6%	21	72.4%	268	64.7%	158	37.3%
7. イベント	95	10.9%	12	41.4%	59	14.3%	24	5.7%
8. その他	234	26.9%	11	37.9%	146	35.3%	77	18.2%
無回答	3	0.3%	0	0.0%	2	0.5%	1	0.2%
合　計	2,848	327.4%	137	472.4%	1,560	376.8%	1,143	269.6%

表 6	避難行動要支援者支援プラン策定にあたって発災時に機能喪失を想定するインフラ

	MA：A=870		a=29		a=414		a=424	
選択肢	全体	(％)	指定市・区	(％)	市	(％)	町村	(％)
1. 電気	792	91.0%	26	89.7%	379	91.5%	384	90.6%
2. ガス	534	61.4%	25	86.2%	295	71.3%	213	50.2%
3. 水道	771	88.6%	25	86.2%	380	91.8%	363	85.6%
4. 公共交通	607	69.8%	19	65.5%	308	74.4%	277	65.3%
5. 通信	702	80.7%	25	86.2%	349	84.3%	325	76.7%
6. その他	59	6.8%	3	10.3%	30	7.2%	26	6.1%
無回答	43	4.9%	1	3.4%	22	5.3%	20	4.7%
合　計	3,508	403.2%	124	427.6%	1,763	425.8%	1,608	379.2%

| 表 7 | 避難行動要支援者支援プラン策定にあたって想定するインフラ機能喪失の期間 |

（実数）

		1日以内	3日以内	5日以内	7日以内	7日以上	無回答	合計
1. 電気	全体	48	305	71	123	137	183	867
	指定市・区	1	5	1	10	7	5	29
	市	20	116	26	68	76	107	413
	町村	27	183	43	45	54	70	422
2. ガス	全体	32	158	42	52	184	401	869
	指定市・区	1	3	0	3	16	6	29
	市	10	65	15	32	117	175	414
	町村	21	89	27	17	51	218	423
3. 水道	全体	18	198	66	90	296	202	870
	指定市・区	0	5	0	2	17	5	29
	市	4	66	22	46	171	105	414
	町村	14	127	43	41	108	91	424
4. 公共交通	全体	24	139	47	70	227	359	866
	指定市・区	0	5	0	2	8	14	29
	市	9	56	16	29	127	176	413
	町村	15	78	30	38	92	168	421
5. 通信	全体	44	233	70	111	142	266	866
	指定市・区	0	3	0	3	14	9	29
	市	19	94	29	60	80	131	413
	町村	25	136	39	48	48	125	421
6. その他（計）	全体	1	7	0	4	29	3	44
	指定市・区	0	0	0	0	1	0	1
	市	0	3	0	1	21	1	26
	町村	1	4	0	3	7	2	17

| 表 8 | | 避難行動要支援者支援プラン策定にあたって想定するインフラ機能喪失の期間（%） | | | | | | |

(%)

		1日以内	3日以内	5日以内	7日以内	7日以上	無回答	合計
1. 電気	全体	5.5%	35.2%	8.2%	14.2%	15.8%	21.1%	100.0%
	指定市・区	3.4%	17.2%	3.4%	34.5%	24.1%	17.2%	100.0%
	市	4.8%	28.1%	6.3%	16.5%	18.4%	25.9%	100.0%
	町村	6.4%	43.4%	10.2%	10.7%	12.8%	16.6%	100.0%
2. ガス	全体	3.7%	18.2%	4.8%	6.0%	21.2%	46.1%	100.0%
	指定市・区	3.4%	10.3%	0.0%	10.3%	55.2%	20.7%	100.0%
	市	2.4%	15.7%	3.6%	7.7%	28.3%	42.3%	100.0%
	町村	5.0%	21.0%	6.4%	4.0%	12.1%	51.5%	100.0%
3. 水道	全体	2.1%	22.8%	7.6%	10.3%	34.0%	23.2%	100.0%
	指定市・区	0.0%	17.2%	0.0%	6.9%	58.6%	17.2%	100.0%
	市	1.0%	15.9%	5.3%	11.1%	41.3%	25.4%	100.0%
	町村	3.3%	30.0%	10.1%	9.7%	25.5%	21.5%	100.0%
4. 公共交通	全体	2.8%	16.1%	5.4%	8.1%	26.2%	41.5%	100.0%
	指定市・区	0.0%	17.2%	0.0%	6.9%	27.6%	48.3%	100.0%
	市	2.2%	13.6%	3.9%	7.0%	30.8%	42.6%	100.0%
	町村	3.6%	18.5%	7.1%	9.0%	21.9%	39.9%	100.0%
5. 通信	全体	5.1%	26.9%	8.1%	12.8%	16.4%	30.7%	100.0%
	指定市・区	0.0%	10.3%	0.0%	10.3%	48.3%	31.0%	100.0%
	市	4.6%	22.8%	7.0%	14.5%	19.4%	31.7%	100.0%
	町村	5.9%	32.3%	9.3%	11.4%	11.4%	29.7%	100.0%
6. その他(計)	全体	2.3%	15.9%	0.0%	9.1%	65.9%	6.8%	100.0%
	指定市・区	0.0%	0.0%	0.0%	0.0%	100.0%	0.0%	100.0%
	市	0.0%	11.5%	0.0%	3.8%	80.8%	3.8%	100.0%
	町村	5.9%	23.5%	0.0%	17.6%	41.2%	11.8%	100.0%

| 表 9 | | 避難行動要支援者支援プラン策定において配慮した対策 | | | | | | |

選択肢	全体	（%）	指定市・区	（%）	市	（%）	町村	（%）
	MA：A=870		a=29		a=414		a=424	
1. 避難行動時	145	16.7%	8	27.6%	80	19.3%	57	13.4%
2. 避難生活時(医療)	64	7.4%	3	10.3%	41	9.9%	20	4.7%
3. 避難生活時(精神)	54	6.2%	2	6.9%	39	9.4%	13	3.1%
4. 避難生活時(備蓄)	62	7.1%	4	13.8%	36	8.7%	22	5.2%
5. その他	109	12.5%	10	34.5%	57	13.8%	42	9.9%
無回答	601	69.1%	12	41.4%	267	64.5%	319	75.2%
合 計	1,035	119.0%	39	134.5%	520	125.6%	473	111.6%

表 10	福祉避難所設置計画

		A=870		a=29		a=414		a=424
選択肢	全体	（%）	指定市・区	（%）	市	（%）	町村	（%）
1. あり	790	90.8%	27	93.1%	393	94.9%	367	90.8%
2. なし	75	8.6%	1	3.4%	20	4.8%	54	8.6%
無回答	5	0.6%	2	6.9%	1	0.2%	3	0.6%
合　計	870	100.0%	30	103.4%	414	100.0%	424	100.0%

表 11	福祉避難所の対象者

		MA：a=790		a=27		a=393		a=367
選択肢	全体	（%）	指定市・区	（%）	市	（%）	町村	（%）
1. 要支援高齢者	739	93.5%	26	96.3%	368	93.6%	343	93.5%
2. 障がい者	705	89.2%	26	96.3%	361	91.9%	316	89.2%
3. 障がい児	630	79.7%	24	88.9%	338	86.0%	267	79.7%
4. 妊婦	378	47.8%	15	55.6%	185	47.1%	177	47.8%
5. 乳幼児を抱える母子	345	43.7%	17	63.0%	165	42.0%	161	43.7%
6. その他	79	10.0%	5	18.5%	50	12.7%	23	10.0%
無回答	73	9.2%	2	7.4%	17	4.3%	0	9.2%
合　計	2,949	373.3%	115	425.9%	1,484	377.6%	1,287	373.3%

表 12	自主防災組織の組織率

		A=870		a=29		a=414		a=424
選択肢	全体	（%）	指定市・区	（%）	市	（%）	町村	（%）
1. 全地区	338	38.9%	13	44.8%	153	37.0%	171	40.3%
2. 約75%	242	27.8%	9	31.0%	158	38.2%	73	17.2%
3. 約50%	107	12.3%	2	6.9%	62	15.0%	43	10.1%
4. 約25%	119	13.7%	2	6.9%	34	8.2%	83	19.6%
5. 全く無い	54	6.2%	1	3.4%	4	1.0%	49	11.6%
無回答	10	1.1%	2	6.9%	3	0.7%	5	1.2%
合　計	870	100.0%	29	100.0%	414	100.0%	424	100.0%

表 13	自主防災組織や防災リーダーを対象とした防災教育（研修）実施状況

選択肢	全体	（％）	指定市・区	（％）	市	（％）	町村	（％）
		MA：A＝870		a＝29		a＝414		a＝424
1. 各地区 1 回／月	29	3.3%	2	6.9%	23	5.6%	4	0.9%
2. 各地区 1 回／年	196	22.5%	10	34.5%	92	22.2%	93	21.9%
3. 市町村 1 回／月	23	2.6%	2	6.9%	16	3.9%	5	1.2%
4. 市町村 1 回／年	421	48.4%	13	44.8%	233	56.3%	174	41.0%
5. 未実施	216	24.8%	4	13.8%	56	13.5%	156	36.8%
無回答	13	1.5%	0	0.0%	7	1.7%	5	1.2%
合　計	898	103.2%	31	106.9%	427	103.1%	437	103.1%

表 14	避難行動要支援者の健康・体力の把握状況

選択肢	全体	（％）	指定市・区	（％）	市	（％）	町村	（％）
		MA：A－870		a＝29		a－414		d－424
1. 健康診断	97	11.1%	3	10.3%	27	6.5%	67	15.8%
2. 体力測定	13	1.5%	0	0.0%	4	1.0%	9	2.1%
3. 未実施	281	32.3%	8	27.6%	123	29.7%	148	34.9%
4. 実施不要	416	47.8%	14	48.3%	231	55.8%	171	40.3%
無回答	72	8.3%	4	13.8%	32	7.7%	35	8.3%
合　計	879	101.0%	29	100.0%	417	100.7%	430	101.4%

| 表 15 | | 避難所における健康・衛生所管者と知識 | | | | | | |

MA：A=870			a=29		a=414		a=424	
選択肢	全体	(%)	指定市・区	(%)	市	(%)	町村	(%)
1. 一般市民・知識不十分	160	18.4%	8	27.6%	85	20.5%	67	15.8%
2. 一般市民・知識十分	11	1.3%	2	6.9%	4	1.0%	5	1.2%
3. 自治体職員・知識十分	318	36.6%	8	27.6%	143	34.5%	165	38.9%
4. 自治体職員・知識不十分	191	22.0%	7	24.1%	99	23.9%	85	20.0%
5. 医療関係者が担当	195	22.4%	10	34.5%	91	22.0%	94	22.2%
無回答	18	2.1%	2	6.9%	7	1.7%	9	2.1%
合　計	893	102.6%	37	127.6%	429	103.6%	425	100.2%

| 表 16 | | 備蓄量 (各項目有効回答分) | | | | | | |

	A=870		a=29		a=414		a=424	
項目	全体		指定市・区		市		町村	
	数量	単位	数量	単位	数量	単位	数量	単位
人口 (平均)	81,159	人	607,119	人	105,160	人	22,061	人
備蓄量想定 (平均)	20.4	%	17.8	%	16.4	%	25.2	%
備蓄日数 （平均)	2.2	日	2.4	日	2.0	日	2.4	日
備蓄食料 (1 人当り平均)	1.3	食	0.8	食	1.2	食	1.4	食
備蓄飲料水総量 (1 人当り平均)	6.3	リットル	6.9	リットル	8.6	リットル	3.9	リットル

| | 表 17 | | 飲食料備蓄確保のための施策 | | | | | | |

選択肢	全体	（%）	指定市・区	（%）	市	（%）	町村	（%）
		MA：A=870		a=29		a=414		a=424
1. 自治体独自で備蓄量増加	514	59.1%	20	69.0%	233	56.3%	259	61.1%
2. 近隣の小売業者と協定	533	61.3%	22	75.9%	319	77.1%	191	45.0%
3. 農漁協等関連団体と協定	402	46.2%	21	72.4%	237	57.2%	142	33.5%
4. 近隣市町村と協定	543	62.4%	25	86.2%	310	74.9%	208	49.1%
5. 遠隔市町村と協定	513	59.0%	24	82.8%	316	76.3%	173	40.8%
6. 海外の国・機関等と協定	7	0.8%	1	3.4%	3	0.7%	3	0.7%
7. 条例等の中に自治体の目標備蓄量を設定	74	8.5%	1	3.4%	43	10.4%	30	7.1%
8. 広報やイベントで備蓄を呼びかけ	526	60.5%	23	79.3%	309	74.6%	194	45.8%
9. 有資格職員が業務担当	3	0.3%	0	0.0%	1	0.2%	2	0.5%
10. 町内会、小学校区等組織に呼びかけ	101	11.6%	3	10.3%	67	16.2%	31	7.3%
11. 条例等の中に世帯での目標備蓄量を設定	20	2.3%	1	3.4%	13	3.1%	6	1.4%
12. その他	33	3.8%	0	0.0%	21	5.1%	12	2.8%
無回答	13	1.5%	0	0.0%	0	0.0%	13	3.1%
合　計	3,282	377.2%	141	486.2%	1,872	452.2%	1,264	298.1%

| 表 18 | 住民の情報伝達・共有に関するシステム・機器 |

選択肢	全体	(%)	指定市・区	(%)	市	(%)	町村	(%)
	MA：A=870			a=29		a=414		a=424
1.安否情報システム	126	14.5%	3	10.3%	55	13.3%	68	16.0%
2.見守りシステム	56	6.4%	1	3.4%	29	7.0%	26	6.1%
3.防災無線・スピーカー	762	87.6%	25	86.2%	364	87.9%	370	87.3%
4.メール配信	661	76.0%	26	89.7%	363	87.7%	270	63.7%
5.FAX	143	16.4%	8	27.6%	92	22.2%	43	10.1%
6.SNS	381	43.8%	23	79.3%	251	60.6%	106	25.0%
7.e コミ等のグループウェア	6	0.7%	1	3.4%	5	1.2%	0	0.0%
8.住民参加・対話型システム	5	0.6%	0	0.0%	4	1.0%	1	0.2%
9.その他	131	15.1%	8	27.6%	75	18.1%	48	11.3%
無回答	18	2.1%	2	6.9%	5	1.2%	11	2.6%
合　計	2,289	263.1%	97	334.5%	1,243	300.2%	943	222.4%

| 表 19 | 要援護者支援体制整備されている地区の割合 |

選択肢	全体	(%)	指定市・区	(%)	市	(%)	町村	(%)
	A=870			a=29		a=414		a=424
0%	30	3.4%	0	0.0%	9	2.2%	21	5.0%
1～10%	73	8.4%	2	6.9%	37	8.9%	34	8.0%
11～30%	76	8.7%	2	6.9%	35	8.5%	39	9.2%
31～50%	44	5.1%	3	10.3%	19	4.6%	22	5.2%
51～70%	31	3.6%	2	6.9%	15	3.6%	14	3.3%
71～90%	41	4.7%	1	3.4%	23	5.6%	16	3.8%
91～99%	24	2.8%	0	0.0%	12	2.9%	12	2.8%
100%	104	12.0%	4	13.8%	42	10.1%	58	13.7%
その他	426	49.0%	15	51.7%	213	51.4%	196	46.2%
無回答	21	2.4%	0	0.0%	9	2.2%	12	2.8%
合　計	870	100.0%	29	100.0%	414	100.0%	424	100.0%

| 表 20 | 地区防災計画策定状況 |

選択肢	全体	(%)	指定市・区	(%)	市	(%)	町村	(%)
	A=870		a=29		a=414		a=424	
1. 行政主体で策定	109	12.5%	3	10.3%	48	11.6%	56	13.2%
2. 行政が委託で策定	46	5.3%	1	3.4%	12	2.9%	33	7.8%
3. 住民・自主防主体で策定	44	5.1%	1	3.4%	31	7.5%	12	2.8%
4. 行政主体で従前の防災計画を元に策定	144	16.6%	6	20.7%	68	16.4%	70	16.5%
5. 行政が委託で従前の防災計画を元に策定	72	8.3%	1	3.4%	22	5.3%	48	11.3%
6. 未策定	259	29.8%	10	34.5%	132	31.9%	117	27.6%
7. 策定の予定無し	186	21.4%	7	24.1%	97	23.4%	82	19.3%
無回答	10	1.1%	0	0.0%	4	1.0%	6	1.4%
合　計	870	100.0%	29	100.0%	414	100.0%	424	100.0%

おわりに

生田英輔

　阪神・淡路大震災以降、地域防災における「公助の限界」が広く知られ、「自助・共助の促進」がキーワードとなっています。実際、地区防災計画制度の創設等、我が国の住民主体の地域防災システムは日々進歩しています。

　一方、我が国の地域は変容しています。具体的には、人口が減少することにより地域経済・商業は衰退、若年者の地域外への流出、税収が減少し防災を含む公共投資が減少するという悪循環に陥り、地域コミュニティの維持が困難な地域も出てきています。そして我が国の高齢化率は世界トップクラスに達し、少子高齢化も進行する中で、避難行動要支援者に該当する方が増加する一方で、その支援の担い手となる世代が減少しています。

　この「避難行動要支援者の増加、支援者の減少」という現実を踏まえた「自助・共助の促進」には本書の基盤となる科研費のテーマである「地区共助計画システム」の確立が必要であると研究グループは着想し、専門分野の知見を結集させた研究をスタートさせました。文系・理系を問わず多様な分野の研究者が、それぞれの視点から「地区防災計画システム」を考察し、研究をまとめることができました。その成果を社会へ還元する為、本書を執筆しました。

　一読いただくと、他の避難行動要支援者に関する書籍をご存知の方には少し違和感があるかもしれません。防災行動マネジメント、地形・地盤、インフラ、気象、ICT等は他の書籍ではあまり出てこない項目かもしれません。実はこれが本書の狙いでもあります。通り一遍の災害の解説や定型化した防災訓練から一歩進んで、「地区共助計画システム」では「自分の命は自分で守る」と「自分たちの地域は自分たちで守る」ために必要な事を網羅したシステムを目指しています。従来の地域防災システムが本当に住民の方の行動を変容させているのか、一過性になってしまっていないのかと顧みて、行動マネジメントや行動分析の視点も入れています。また、地域の災害リスクは種類も頻度も多様で複雑化しており、各地域の特性を熟知する住民が日常時から自発的に災害リスク情報を取得し、活用しなければなりません。これは、

いわゆるリスクコミュニケーションの視点であり、一部の専門家や行政機関のみが災害リスク情報を保有するのではなく、行政と住民が双方向で情報をやり取りし、日常時からの対策と発災時の対応を促進することも求められています。

以上のような研究チームの思いを結集した本書は、1章から順番にお読みいただければ、「地区共助計画システム」の具体的な進め方がご理解いただけると思いますが、既に地域で活発に活動されている場合は、ご興味のある章から読んでいただいてもご活用いただけると思います。

また、全国の自治体の皆様には日々の業務でご多忙な中、アンケート調査にご協力いただき感謝いたします。災害対策基本法において避難行動要支援者の対策が明記され数年を経て、先進的な自治体もある一方で、対策に苦慮されている自治体があることがわかりました。本書が避難行動要支援者支援や地区共助を住民の方と協働して進める際の一助になれば幸いです。

最後に本書を執筆するにあたり、研究全体をサポート頂いたダン計画研究所の椎本ゆかりさん、出版の企画段階からご指導を頂いた大阪公立大学出版会の金井一弘さん、河村俊彦さんには大変お世話になりました。厚く御礼申し上げます。

執筆担当者（50音順）

生 田 英 輔　（大阪市立大学 都市防災教育研究センター・生活科学研究科）　　第1章・第5章

木 村 義 成　（大阪市立大学 都市防災教育研究センター・文学研究科）　　第7章

佐 伯 大 輔　（大阪市立大学 都市防災教育研究センター・文学研究科）　　第11章

志 垣 智 子　（社会福祉法人敬友会 高齢者住宅研究所）　　第1章

重 松 孝 昌　（大阪市立大学 都市防災教育研究センター・工学研究科）　　第4章

中 原 洋 子　（関西医科大学 看護学部）　　第8章

三 田 村 宗 樹　（大阪市立大学 都市防災教育研究センター・理学研究科）　　第3章

宮 野 道 雄　（大阪市立大学 都市防災教育研究センター・生活科学研究科）　　第1章

森 　 一 彦　（大阪市立大学 都市防災教育研究センター・生活科学研究科）　　第2章

山 本 啓 雅　（大阪市立大学 都市防災教育研究センター・医学研究科）　　第7章

横 山 美 江　（大阪市立大学 都市防災教育研究センター・看護学研究科）　　第8章

由 田 克 士　（大阪市立大学 大学院 - 生活科学研究科）　　第9章

吉 田 大 介　（大阪市立大学 都市防災教育研究センター・工学研究科）　　第10章

渡 辺 一 志　（大阪市立大学 都市防災教育研究センター・都市健康・　　第6章
　　　　　　　スポーツ研究センター）

OMUPの由来

大阪公立大学共同出版会（略称OMUP）は新たな千年紀のスタートとともに大阪南部に位置する5公立大学、すなわち大阪市立大学、大阪府立大学、大阪女子大学、大阪府立看護大学ならびに大阪府立看護大学医療技術短期大学部を構成する教授を中心に設立された学術出版会である。なお府立関係の大学は2005年4月に統合され、本出版会も大阪市立、大阪府立両大学から構成されることになった。また、2006年からは特定非営利活動法人（NPO）として活動している。

Osaka Municipal Universities Press (OMUP) was established in new millennium as an association for academic publications by professors of five municipal universities, namely Osaka City University, Osaka Prefecture University, Osaka Womens's University, Osaka Prefectural College of Nursing and Osaka Prefectural College of Health Sciences that all located in southern part of Osaka. Above prefectural Universities united into OPU on April in 2005. Therefore OMUP is consisted of two Universities, OCU and OPU. OMUP has been renovated to be a non-profit organization in Japan since 2006.

地域変容に対応した避難行動要支援者のための地区共助計画
〜課題と展望

2019年3月28日　初版第1刷発行

編著者　宮野道雄・生田英輔
発行者　足立泰二
発行所　大阪公立大学共同出版会（OMUP）
　　　　〒599-8531　大阪府堺市中区学園町1-1
　　　　大阪府立大学内
　　　　TEL　072（251）6533
　　　　FAX　072（254）9539
印刷所　株式会社 太洋社

©2019 by Michio Miyano, Eisuke Ikuta. Printed in Japan
ISBN978-4-907209-97-1